絵図と映像にみる山岳信仰

岩鼻通明 著

海青社

けきうしと称たまひぬれは
杵築大明神と申なり

口絵１　『大山寺縁起絵巻』第十一段　（東京国立博物館所蔵 Image: TNM Image Archives）　本文 14 頁参照

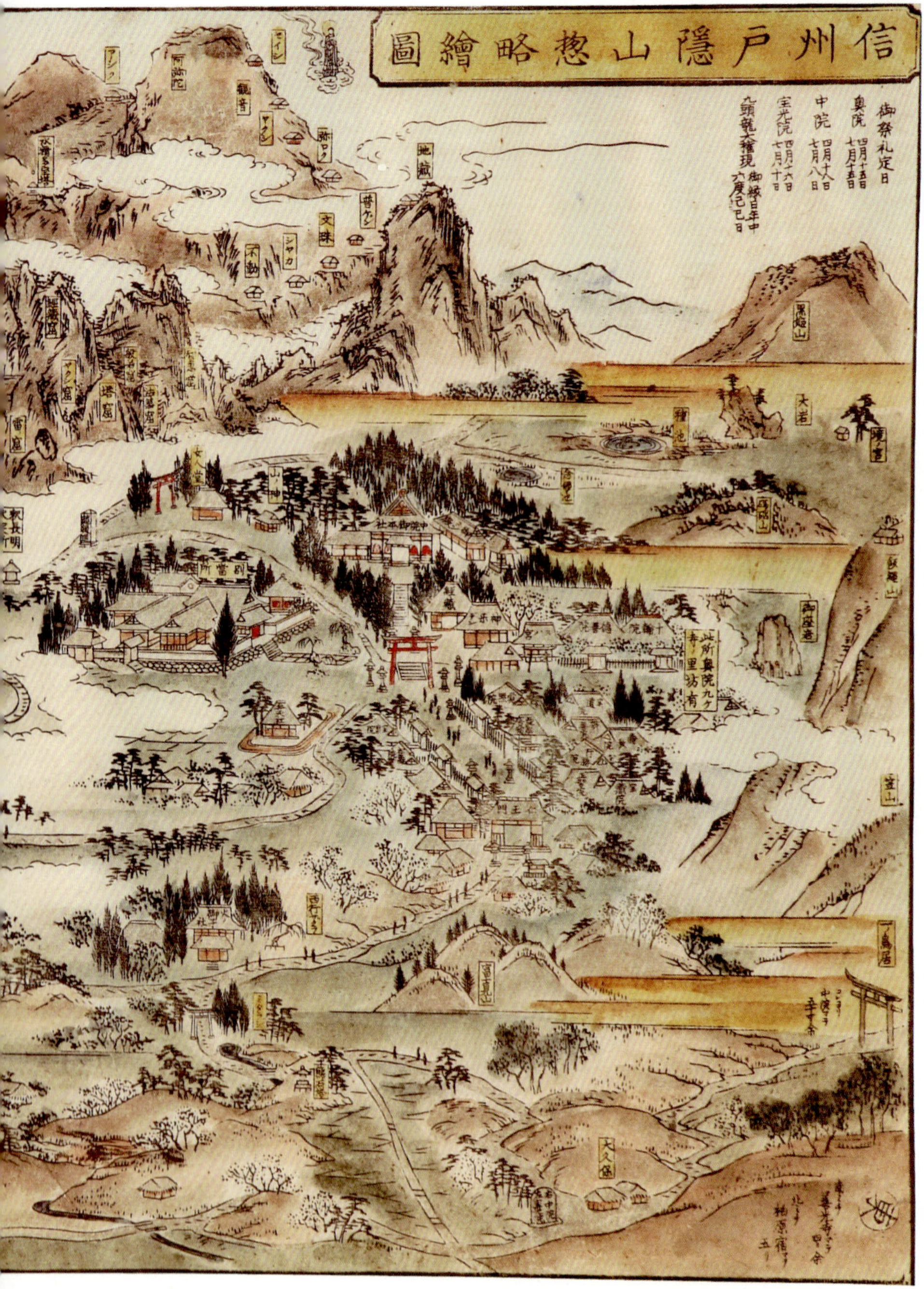

信州戸隠山惣略繪圖
御祭礼定日
奥院 四月十五日 七月十五日
中院 四月十八日 七月八日
宝光院 四月十六日 七月十日
九頭龍大権現 御縁日年中六度己巳日
地蔵
普ケン
文殊
シャカ
不動
阿弥陀
観音
黒姫山
大岩
種池
女人堂
山ノ神
中院御本社
別當所
此所奥院九ヶ寺ノ里坊有
大久保
一ノ鳥居

口絵２　「信州戸隠山惣略絵図」　（戸隠中社　二澤家所蔵）　本文 37 頁参照

官幣
至小牛田
新庄
萬年雪
清川
石船
姥
本道寺口社務所
本道寺
八聖山
入間

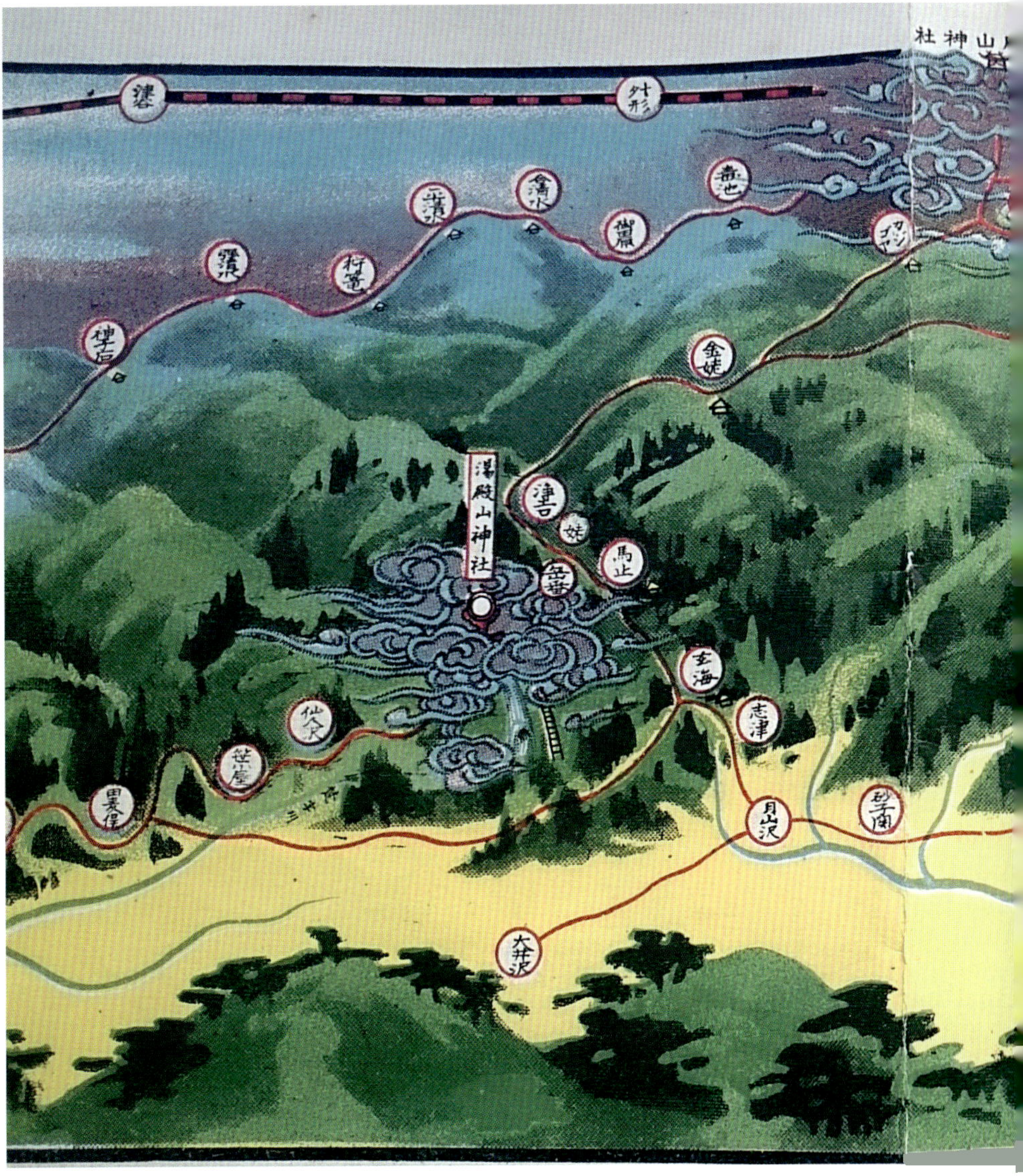

口絵３　「三山登山案内」（部分）（本道寺湯殿山神社所蔵）　本文 69 頁参照

越中國立山并新道温泉等之圖
東
御本社
別山
浄土山
善光寺
上田
松本
室堂
中谷

口絵４　「越中国立山並ニ新道温泉等之図」　（富山県［立山博物館］所蔵）　本文 84 頁参照

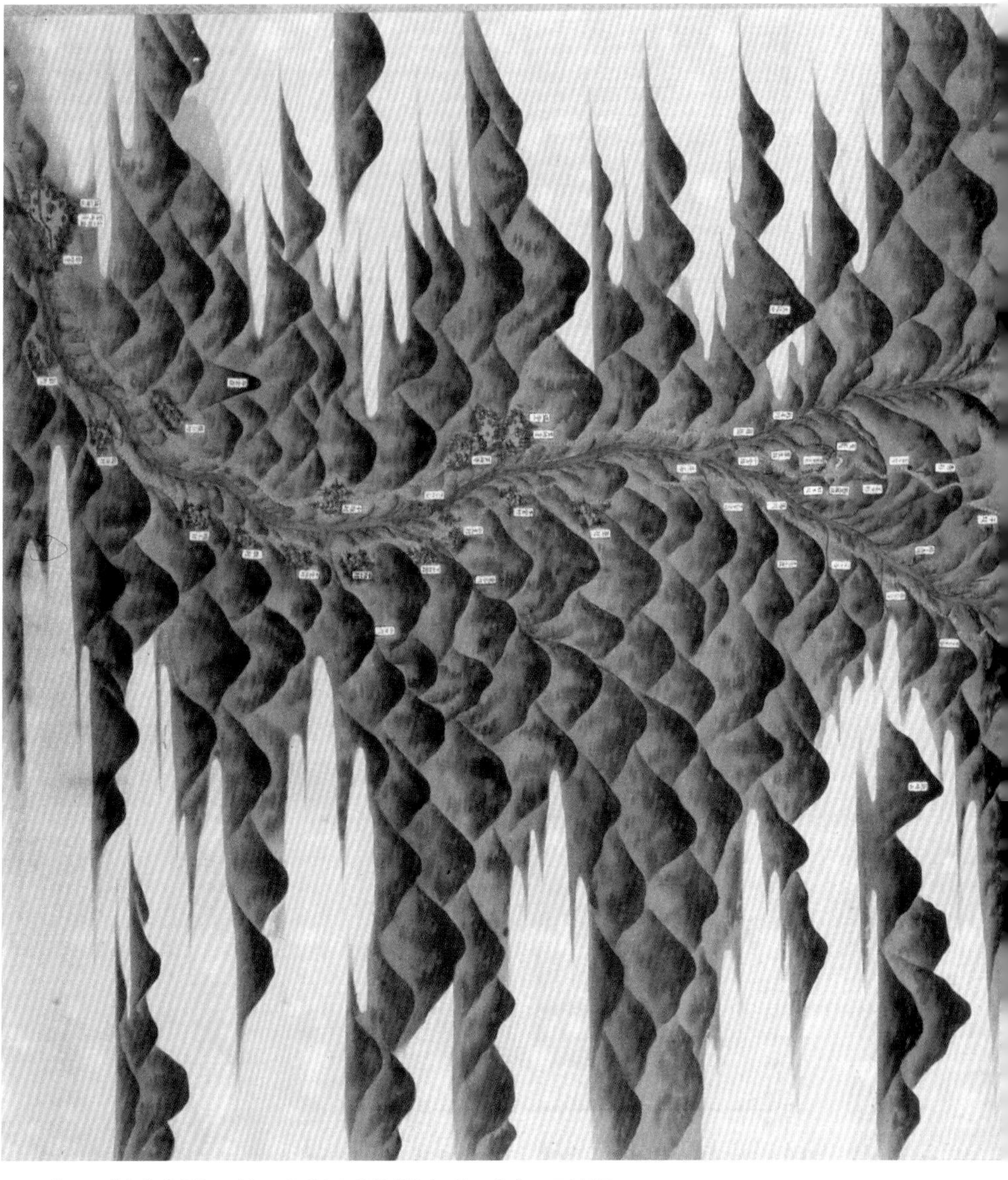

口絵5　「立山之図」　（富山県［立山博物館］寄託）　本文85頁参照

口絵6　「白山之図」　（富山県［立山博物館］寄託）　本文99頁参照

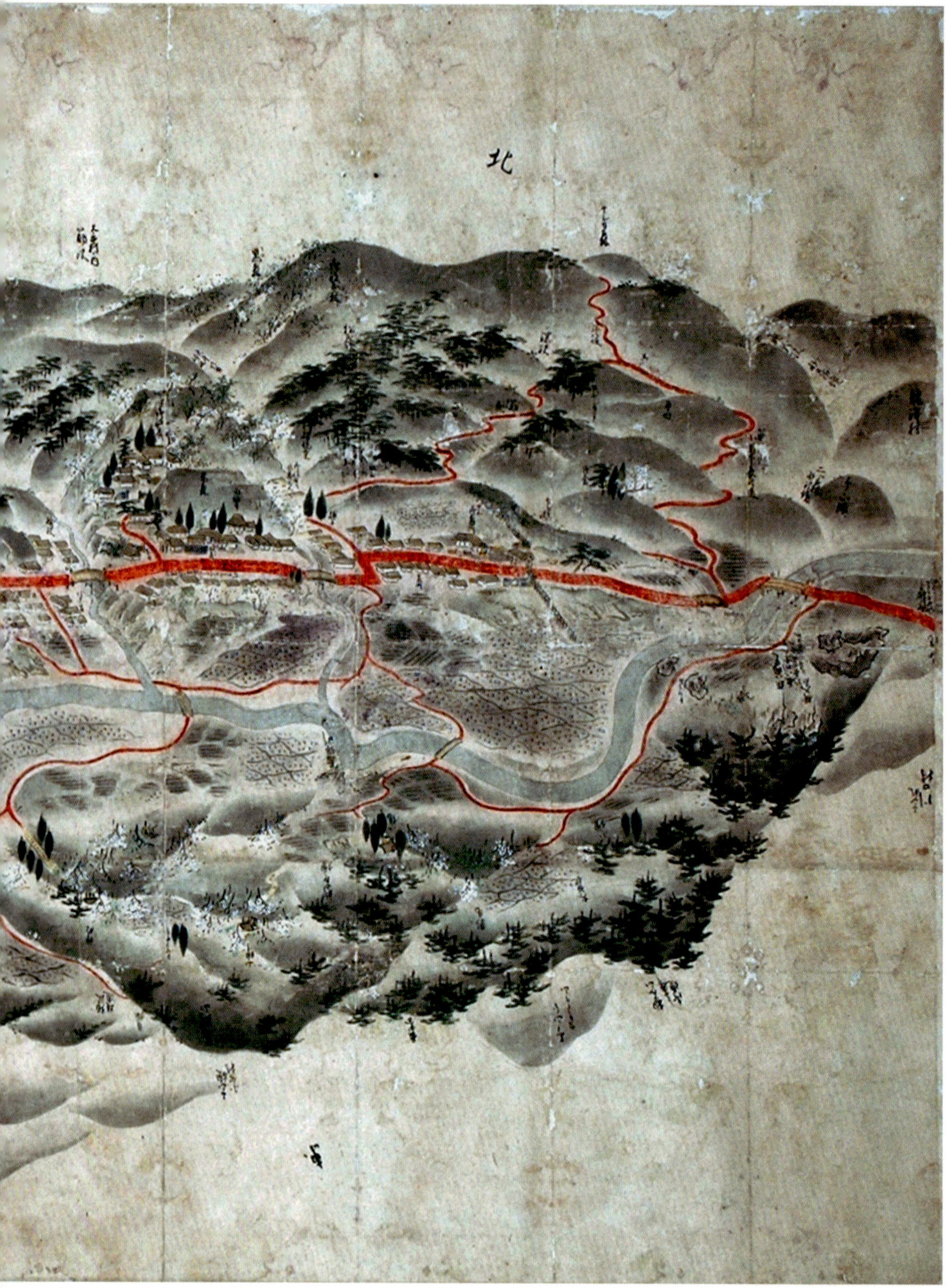
北
南

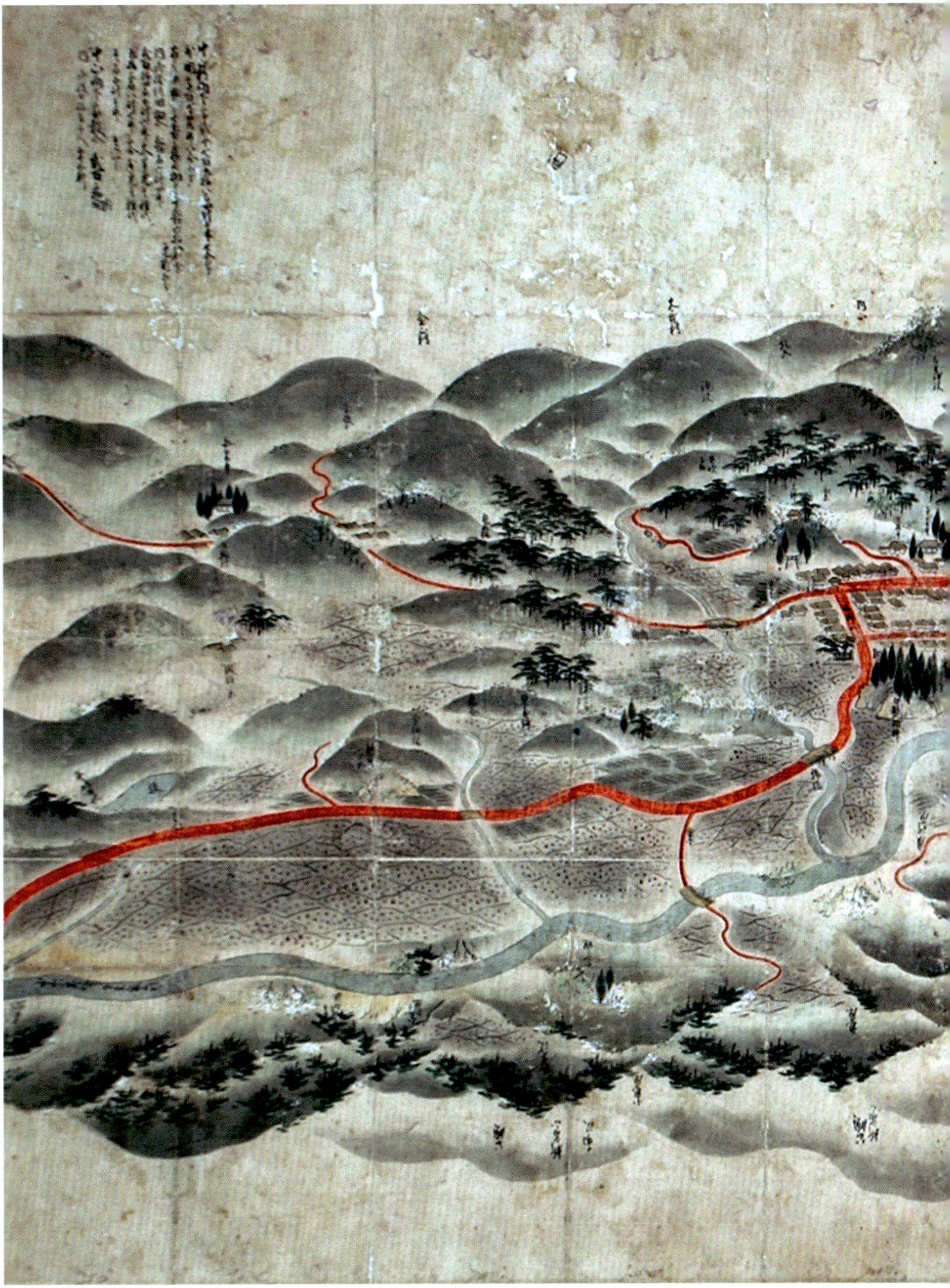

口絵７　「中山村絵図」（南陽市立結城豊太郎記念館所蔵）　本文184頁参照

はじめに

本書は、二〇一九年三月末日をもって、三十五年間にわたって勤務した山形大学を定年退職するにあたり、これまで続けてきた山岳信仰に関する調査研究を集大成したものである。今日までに、出羽三山信仰については四冊の単著を刊行することができたが、筆者の山岳信仰研究は、出羽三山のみにとどまるものではなく、広く日本各地の霊山について調査研究を重ねてきた。

そこで、本書においては、ほぼ現地調査を行った年代順に、各地の霊山について取り上げることとした。とりわけ、既往の研究では着目されることの少なかった絵図(古地図)をできる限り活用した歴史地理学・文化地理学的視点を前面に打ち出すことを試みた。

また、タイトルには、「絵図」のみならず「映像」という表現も付け加えてみた。「映像」に関しては、必ずしも十分にフォローできたとはいいがたいところもあるが、いまやスマホでも動画が撮影できる時代であることから、今後は調査研究面でも幅広い分野で活用される日が来るであろうことを期待したい。

この「映像」に関心を有するようになったのは、二十世紀末以来、韓国地域研究に関心を持ちはじめてからであった。特に、二〇〇一年夏の派遣の際には、伝統的町並みが映画のロケに活用されていることを知り、さらに二〇〇三年十二月にソウルへ短期派遣で出かけた折に、非常に寒冷な気候のために、野外調査が困難であったことから、暖かい映画館の中に避難して韓国映画に熱中するようになった。

その後は、映画を通した地域活性化を研究テーマとして取り組みはじめ、日韓の主な映画祭に足を運んだり、地元で二年に一度、開催される山形国際ドキュメンタリー映画祭の韓国語ボランティアを務めたりした。巻末の研究業績一覧には、学内映画上映を付け加えたが、それらの詳細は、退職後に、ぜひ別の書物にまとめてみたいものである。

最後に、本書が成るに際しては、たいへん多くの方々に、お世話をいただいた。その一端は、コラムに記したとおりである。本書に収録した図版の掲載を認めていただいた各位にも感謝したい。出版事情の困難な折に、快くお引き受けいただいた宮内久海青社社長には末尾ながら、厚くお礼を申し上げたい。

二〇一九年一月　岩鼻　通明

絵図と映像に見る山岳信仰——目次

第一章　絵図と縁起にみる伯耆大山信仰

伯耆大山大神山神社（2018 年 10 月 筆者撮影）

一　はじめに　伯耆大山の概要

伯耆国にそびえる大山は「だいせん」と読むが、この山名は、いわば名山に付けられた普通名詞的な呼称であって、「おおやま」と読む例とともに各地に散在する。『コンサイス日本山名辞典』には、「だいせん」と読む山名は二例、「おおやま」と読む例は、なんと十七も列挙されている。

しかし、中でも著名な大山は、ここで取り上げる伯耆大山と雨降山とも称される相模大山《さがみおおやま》であろう。伯耆大山は円錐形の火山であることから、伯耆富士とも呼ばれる名山である。その歴史は古く、奈良時代に編纂された『出雲国風土記』の中に最初に登場する。

すなわち、大神岳（大山）を杭に、夜見ヶ浜（弓ヶ浜）を網にして保崎（島根半島）を引き寄せたという「国引き神話」がそれである。自然地理学的にみれば、大山北麓の火山灰層を日本海の沿岸流が侵食し、弓ヶ浜に堆積して砂州を形成して島根半島にまで至ったのであるから、まさに大山が島根半島を引き寄せたことになる。後述する「伯州大山略絵図」（後掲**図1・1**）には、絵図の下部中央に弓ヶ浜が垂直に、下端部に島根半島が水平に細長く描かれており、まさに「国引き神話」を図示した表現となっている。

この「伯州大山略絵図」は、堀田里席の写しであることが図中の左下にみえるが、江戸後期の作と推定されており、（注1）近世の大山を描いた木版絵図としては第一級の資料であるといえよう。この絵図については、後で詳しい分析を試みたい。

ところで、大山の開山は『伯耆国大山寺縁起』（『続群書類従』二十八上）によれば、天武十二（六八三）年役行者《えんのぎょうじゃ》の開山とされている。しかし、この縁起は応永五（一三九八）年に筆写されたもので、当時は修験道が全国的に本山派と当山派の二大勢力に組織化されはじめた時期であり、各地の霊山において、その伝統を正当化するために開山者を役行者とする作為がなされたのであろう。

一方、大山寺の開基は養老年間の金蓮上人とされる。美保の浦で金色の狼を見つけ、大山まで追って射殺そうとした時、地蔵が現われ、発心して南光院・西明院を開いたと伝えられる（『撰集抄』・『大山寺縁起』大山寺洞明院蔵）。

この狩人が開山者となったり、あるいは開山者の手引きをしたという伝承は高野山や別章で扱う越中立山をはじめとして全国各地の霊山にしばしば散見する。五来重は、このことから修験道の山民起源説を唱え、『大山寺縁起』を再評価している（注2）。

また、大神山神社は平安時代中期に編纂された『延喜式』の神名帳に記載された式内社であった。後白河院の撰といわれる『梁塵秘抄』には「四方の霊験所は、伊豆の走湯、信濃の戸隠《とがくし》、駿河の富士の山、伯耆の大山、丹後の成相《なりあい》とか」とあり、平安末期には大山は全国的に有名な霊山として知られていた。

しかし、古代の大山信仰の実態についてはほとんど手掛かりが残っていない。もちろん、現代の大山に古代にまでさかのぼれる建造物はなく、わずかに阿弥陀堂の弥陀三尊像のみが平安期の作といわれるだけである。古代・中世の大山信仰の実態を解明するために、福井県勝山市の白山信仰遺跡や福岡県添田町の英彦山《ひこさん》坊跡遺跡の発掘調査のような考古学的発掘調査が本格的に実施されることを期待したい。

なお、伯耆大山信仰についてには、さほど多くの研究がみられるわけではないが、以下の『大山寺縁起絵巻』については、一九八〇年代前半に記した内容が中心で、その後に若干の補筆を加えたものであるため、それ以降の研究の進展について、簡単に触れておきたい。

まず、長谷部八朗「伯耆大山信仰」（一九九〇年）・鈴木岩弓「伯耆大山信仰――縁起に示された大山の霊威――」（一九九〇年）（注3）、次いで三浦秀宥「伯耆大山の信仰と諸伝承」（一九九二年）（注4）があげられる。

長谷部は、大山寺の歴史と支配構造や宗教儀礼、末寺と地域社会について詳述しており、鈴木は、縁起と絵巻の整合性を問いながら、その内容を整理して、大山の宗教的権威を霊威の提示からまとめ、病気平癒や死者供養が固有の具体的なご利益であることを論証した。近年の研究では、松崎憲三「伯耆大山の地蔵信仰と死者供養――備中地方を中心として――」(二〇一八年)[注5]において、伯耆大山信仰の詳細な研究史がまとめられている。

二　『大山寺縁起絵巻』巻一を読む

大山信仰の実態についての手掛かりが乏しいのは、昭和三年に大山寺が火災で焼失したことも一因である。この火災によって、中世の山岳信仰を物語る貴重な絵巻物であった全十巻の『大山寺縁起絵巻』も焼失してしまった。しかし、幸いにも東京大学史料編纂所が、その直前に詞書のすべてと一部の絵を模写し、写真に収めている。また、これとは別に、東京国立博物館に巻一と巻二の写本(天保二年書写)が所蔵されている。写本とはいえ、これらには中世の大山の姿が描かれており、山岳信仰の原像を探る絵画史料となりうる。

『大山寺縁起絵巻』に関しては、下村章雄(『大山史話』、一九六六年)[注6]および近藤喜博(『日本の神』、一九六八年)[注7]、川上廸彦(『大山文学散歩』、一九九六年)[注8]に詳しいが、以下では筆者なりの図像分析を試みたい。

『大山寺縁起絵巻』の巻一と巻二は、奈良時代までの縁起を表現している。初段の「毎朝晨朝入諸定　入諸地獄令離苦　無仏世界度衆生　今世後世能引導」という詞書の後に、山中の地蔵菩薩出現の絵が描写されている。背後には朱塗りの楼閣がみえ、周囲を諸神が取り巻き、空には天女が飛翔している。

この表現からすれば、大山信仰の起源は地蔵信仰であると考えることもできようが、縁起の性格上からは、必ずしもそのように断言はできない。むしろ、この絵巻の作成当時に大山信仰の主流となっていた地蔵信仰を正統づけるための作為とみなしたほうがよかろう。というのは、地蔵信仰が流行するのは平安末期以降であり、これを大山信仰の起源とみなすことには、いささか無理があろう。

このように、奈良時代までの縁起を描いた巻一と巻二の詞書の内容は多分に伝承的であり、絵画表現も作成当時の中世の景観を反映している部分が少なくないとみるのが妥当であろう。

続く、第二段では、まず詞書で大山の成立伝承が語られ、磐石が落ちてきて三つに分かれて、熊野山・金峰《きんぷ》山《さん》・大山になったと説かれている。中世以来、修験者は、熊野から大峰山系に入る天台系の本山派山伏と、吉野の金峰山より大峰山系に入る真言系の当山派山伏の二大流派に統合されていったが、この伝承は、霊山としての大山が吉野熊野に次ぐものであることを誇るとともに、大山衆徒の本山派と当山派からの独立性を主張するものであろう。

そして、詞書の最後には、禅頂(山頂)に五の池ができ、池中より多宝塔が湧き出て空中にのぼったという記述があり、その絵画表現が詞書に続いて図示される。これは、近藤喜博も指摘しているように、(注9)大山においては山頂の池が神秘の根源であり、後世の弥山禅定につながるものである。

一般に、山岳信仰においては、山伏が信者を導いて山頂まで登拝することが霊山参詣の中心になるのであるが、大山においては一般の信者の登頂は禁じられ、旧暦六月十五日の弥山禅定の日に、大山寺の二人の僧侶のみが登頂を許されるという厳しい制限が存在した。

次いで、第三段では、詞書で多宝塔が池中に沈んで、地蔵、観音、文殊の三所権現となって顕現すると述べられ、その絵が描かれる。このような山中の池や湿原が聖地とされる現象は、日本をはじめとして広く東アジア世界にみられることが明らかにされている。(注10)

金井氏によれば、この湿原祭祀は水神、稲作神としての信仰とのことで、おそらくはこれらの信仰が大山信仰においては根源的なものであり、地蔵信仰や牛馬信仰は後に付け加えられたものではなかろうか。

現在では、大山の山頂部は多くの登山者に踏み荒らされて崩壊も激しく、その防止に様々な手段が図られているが、明治以前の入山が規制されていた時代には、美しい池塘や湿原が広がっていた姿が目に浮かぶ。山頂部の崩壊は、もちろん自然的な風化現象もあるが、登山者の過度の利用も無視できない。このままでは、かつてのように入山制限を行わねばならない時期が来るかもしれない。

第四段では、仏覚仙人の法華経供養について語られ、騎馬の人々や諸天善神が仙人の経を聞きに向かう姿が描写されている。在俗の人物が表現されるのは、この第四段が最初で、以後しばしば登場するが、その服装はいずれも『大山寺縁起絵巻』が作成された当時の中世のスタイルで描かれているようにみられる。また、仏覚仙人は出雲国美保へ退いたとあり、前述の『出雲国風土記』の国引き神話にもみられるように、大山と美保との関係は古くから存在していたことが示されている。

次の第五段は、宝光菩薩の降臨と、山中の諸神が表現されている。この構図は近藤喜博も指摘しているように、吉野曼荼羅にみられるような垂迹曼荼羅の様相を呈している。(注11)それに加えて、山中の木々や急流、滝などの描写も神聖性を強調する役割を果たしている。そして、詞書の最後に、この山を大神山と名づけるとあり、この段が山名の起源説話として位置づけられている。

続いて、第六段は、詞書で智積菩薩が仙人に大山の地を踏む者は行をせずに大覚位に昇り、流れを汲む者は無智でも煩悩をなくせると霊験あらたかな大山について語る。そして、それを妨害する鬼神や雷神と加持をする菩薩の姿が表現されている。

そして、第七段は、智勝仙人が一千日の法華経写経を行っていたところへ、護法のために普賢菩薩が童子の姿で現れた様子を描写している。さらに、第八段は、山上の池へ金箱に経を入れて納経する姿が描かれ、第九段は、納経後、両部の大日と金色の不動が池底より顕現する様相を表現している。その詞書では、この三尊を本尊として根本堂を建立し、大山を仏峯山とも呼ぶと語られている。

ここまで、第一段から第九段までを簡単に紹介したが、これらは大山の開山説話としてまとめることができる。これらで強調されていることは、ひとつは山上の池に対する信仰の重視であり、もうひとつは法華経の重視であるといえよう。この法華経は、日本では天台宗で重要視されてきた経典であり、したがって、大山の開山には法華経を崇拝する天台宗系統の山岳宗教が強く影響していたと考えることができるのではなかろうか。

さて、『大山寺縁起絵巻』の第十段には、初めて年号が現れてくる。すなわち、それは懿徳天皇十三年という年号で、この年に天皇の行幸があり、山陰山陽の国々を寄進され、大山寺の寺領が定まったと詞書で述べられる。しかし、この第四代天皇は、第二次大戦後の歴史学においては実在が否定されており、いわば神話的存在である。山岳信仰では、その開祖として役行者を語る縁起が各地の霊山にみられるが、それよりはるかに古い第四代天皇の在世時の記述を据えている背景には、他の霊山より大山の開山がずっと古いことを印象づけるための潤色であったといえよう。逆にみれば、実際には大山の開山は、おそらく役行者の時代よりは後世のことであり、役行者を開山と伝える有名な霊山よりも開山は遅かったのかもしれない。

一方、第十段の絵には、左端に社殿の一部が描かれている。登場する人物の服装ともあわせ、この絵巻が作成された中世当時の社殿や服装とみなすべきであり、けっして古代の大山寺の姿がそこに描かれているわけではない。また、寺領が定まった年代を、このような非常に古い時期に措定したことも、この絵巻が作成された中世当時に最も拡張していたであろう大山寺の寺領の由緒を正統づける手段であったと思われる。近年の中世史学においては、大山寺のような中世の寺社を、公家や武家などと同様の勢力のひとつであるとみる立場が有力になっている。(注12)『大山寺縁起絵巻』は、まさに大山寺の寺社勢力の象徴として、その力を内外に誇示するために作成されたものといえよう。

続く、第十一段（**口絵1**参照）では、大山を含む島根半島（弓ヶ浜、宍道湖、中海、大根島、美保関など）の景観が北からの視点で鳥瞰図風に描かれている。この北からの視点は中国大陸ないし朝鮮半島との関係を暗示するものではなかろうか。

五来重は、日本の山岳信仰における大陸と半島との関連性を指摘されたが、(注13)大山は古代における大陸、半島との文化交流を有していたのかもしれない。近年、九州の英彦山、(注14)北陸の白山、(注15)立山(注16)においては、大陸と半島との関連についての研究が進められつつある。

現代でこそ、山陰地方あるいは裏日本といった呼称が用いられているが、江戸時代までは日本海海運によって、むしろ日本海側が物資輸送の大動脈だったのであり、裏日本という用語が使われるようになったのは産業革命以降の明治中期からであるという。(注17)

帆船航海の時代には、日本海側の離島や半島は避難・風待ち港として繁栄し、島根半島西端の日御碕も元来は「火の岬」、すなわち、夜間の航海安全のために、灯台として火を焚いた場所であろうといわれる。隠岐島前の焼火山もおそらく同様であろう。第十一段の画中には、美保湾や中海、宍道湖に帆船が数隻描かれており、中世当時から日本海海運が利用されはじめていたことがうかがえる。

次の第十二段では、金門《きんもん》が描かれる。詞書では孝元天皇五十七年に智覚仙人が額を懸けて金門と銘したという。また、それ以降当山を大山と申すとあり、いわば大山の開山伝承とも関連してくる。

この金門とは言いかえれば禁門であろう。近世期までの大山信仰の特徴として、俗人の山頂登拝禁制があげられる。前述のように、山頂への登拝は旧暦六月十五日に行われた大山寺の僧侶による弥山禅定のみに限られていた。江戸時代には、各地の霊山で、庶民の山岳登拝がたいへん盛んに行われたこととは対照的である。すなわち、金門は入山を禁じた結界の象徴であった。

また、金門の脇には大きな龍が描かれている。この龍は山中の聖域を俗人の侵入から守る守護神でもあり、同時に水分の神でもあった。金門は元谷より流れてくる佐陀川の水源の場でもある。したがって、ここに水の神としての龍神が祀られたのであろう。画面の左端には渦を巻いて流れる水流が表現されている。この龍神は大山の雨乞信仰とも深い関連があるものと考えられる。そして、金門の向こう側には天女が飛来している。これは金門より奥が山中浄土であることを意味する表現であろう。この第十二段で巻一は終わる。

三　『大山寺縁起絵巻』巻二を読む

続いて、巻二について検討を加えていきたい。巻二の巻頭の第十三段は、巻一の絵とは異なり、延々と孝霊天皇の行幸の列を描写している。また、巻一では正面描写の表現方法が多かったのに対して、第十三段では斜めからの描写となっている。この行幸は孝霊天皇六年とされるが、前述と同じく第七代孝霊天皇もまた実在が否定されている。

この第十三段の詞書で重要な点は、宣下によって七ヶ国が当山寺領となったと述べていることである。近藤喜博(『日本の神』)(注18)によれば、後世の円慶の覚書に「七ヶ国と申す儀は、因幡、伯耆、出雲、美作、備前、備中、備後……」とあるとのことで、縁起は非常に早い時期に広範囲の寺領の寄進を受けたことを主張している。

このことも裏返しに考えれば、縁起が作成された当時、中国地方に拡がっていた寺領が各地の土豪に蚕食されたために、天皇家からの寄進ということを強調して、寺領の保護をもくろんだのではなかろうか。したがって、ここでも七ヶ国の寺領というのは中世当時の大山寺の勢力圏とみなしたほうがよかろう。

それに続く第十四段と第十五段は一対のものとして理解できる。第十五段の詞書に、役行者の大山来山が語られるが、絵では既に第十四段に役行者の姿がみえ、逆に第十五段の絵には描かれていない。

役行者が大山を訪れたのは、『大山寺縁起絵巻』では、天武十二（六八三）年とされている。正史である『続日本紀』の記事に、役ノ君小角を伊豆の嶋に流罪したと出てくるのが、文武三（六九九）年であるから、その十数年前に大山で修行を重ねていたということは、前段までの荒唐無稽な時代考証に比べれば、時期的にはさほど矛盾はしない。

しかし、日本各地の霊山の縁起において、役行者が修行をしたと伝えるものは数多く存在する。ところが、必ずしも役行者が開山者という位置づけではなく、開山後に修行に訪れた行者のひとりとして扱われる場合が多い。このこともまた、縁起における作為とみるべきであり、実際の開山は役行者よりもはるか後世であるにもかかわらず、役行者の来山という架空の設定を行うことによって開山時期を古くみせかけ、また、役行者さえも、その霊山で修行したという権威づけを行おうとしたものと想定される。

それゆえ、『大山寺縁起絵巻』において、第十三段の第七代孝霊天皇から第十五段の第四十代天武天皇まで大きな年代の飛躍が存在することも、虚構であることの傍証となりうる。

さて、第十四段と第十五段の絵の検討に移ると、詞書どおりに第十四段の右端に観音が描かれ、第十五段の左端には金剛蔵王（不動明王）が描かれる。第十五段では右側に滝川が描かれ、滝の信仰と不動明王との関係をうかがわせる。中近世の参詣曼荼羅においても、滝のたもとに不動明王の描かれる例は多い。

また、第十四段では、役行者の背後に二匹の鬼が従う姿が描かれている。これは、大峰山の前鬼・後鬼、ないし大山の在地の鬼神であると思われ、前鬼・後鬼は大峰山開山の際に役行者を助けたという伝承がある。修行者の開山を助けた鬼あるいは山人の例は各地の霊山に伝承がみられ、『大山寺縁起絵巻』においても、役行者の大山での修行を助ける彼らの姿が象徴的に表現されたものと考えられる。

役行者の来山に続いて、第十六段では行基の来山が語られる。詞書では行基来山は神亀五（七二八）年とされる。

行基は六六八年に生まれ、七四九年に没しており、創元社の『日本史辞典』によれば、七二二年に平城京の右京三条に菅原寺を起こし、行基の進めていた民生慈善事業を中心とする宗教活動は遠く安芸・周防国まで及んだとある。

その事跡から、行基が大山を含めて中国地方を行脚した可能性がないわけではないが、日本全国を行脚して作成した「行基図」と称される日本地図も後世の成立であるとされているように、やはり前段での役行者と同じく高僧の来山という架空の設定で、開山時期を古くみせ、また権威づけを行ったものと解釈しておきたい。

また、詞書では行基は文殊廊に七日間参籠し、その際、閼伽《あか》水を求めて杵で岩を崩して水を得たといい、その水を飲めば命が延び、体に触れれば病気が治るという、いわゆる延命水であったという。

大山は成層火山であるから、富士山の白糸の滝と同様に、山麓では湧水が多くみられ、ここに出てくる延命水もそのひとつであろう。もちろん、桝水原の語源である真清水《ましみず》も同じである。

さらに、この延命水は大山の雨乞信仰もしくは水神信仰と関連づけられる。大山から湧き出て麓の村々へと流れ下る水は山の神の恵みと信じられていたのであった。実際に、湧水は地下水であるため、温度が一定であり、すなわち夏は冷たく、適度なイオン物質が溶け込んでいる水でもあって味も良いことから、喉を潤す登山者にとっては確かに延命水と感じられるのである。このように、山岳信仰は霊山の自然環境と密接に関連するものといえよう。

巻二の巻尾となる第十七段と第十八段では、いよいよ大山寺の開基について語られる。そのストーリーは前述のように、美保の浦で金色の狼を見つけた狩人が洞穴に追い込んで矢を射ようとしたところ、地蔵菩薩が顕現したという。これはちょうど越中立山の開山縁起において、開山者の佐伯有頼が熊を室堂の玉殿窟《たまどののいわや》に追いつめたところ、阿弥陀如来となって現れたのと類似した物語となっている。

また、開基伝承において、美保の浦が重要な位置を占めていることは既に指摘したが、これは大陸や半島との結び付き、ないし日本海海運と密接な関連があるものと考えられる。

さらに、ここで地蔵菩薩が現れるということも、既に指摘したように地蔵信仰が中世の大山信仰の中核であることを示唆するものであろう。この段以前の内容がほとんど荒唐無稽な伝承であったのに対して、この段以降は史実とまではいえなくとも、何らかの記録に依拠したとみられる記述が多くなってくる。ただし、その部分の絵巻が失われてしまったことは大山信仰研究のみならず、日本の山岳信仰研究全体にとって大きな痛手であった。

さて、現存する模写本の最後の段である第十八段に移ると、その詞書には前段で地蔵の化身である狼を射た猟師が発心して善知識となり、修行を重ねて金蓮上人となって南光院と西明院を建立したことが述べられる。

そして、絵は金門を中心にして大山の景観を鳥瞰的に正面描写で描く。東上空に日輪を、西方下部の雲中に月輪を描いていることから、近藤喜博（『日本の神』）[注19]は「曼荼羅の心を込めておる」と記されているが、確かに中世当時に数多く作成された春日宮曼荼羅に代表される垂迹曼荼羅の要素を備えている貴重な絵巻であるといえよう。南光院の上空には釈迦像が、西明院の上空には弥陀像が描かれ、それぞれの堂社の脇には垂迹としての神像の表現がみられる。

一方で、この第十八段の絵の特徴は、南光院、西明院、小山利寿大権現といった地名や「東」という方位の記載がみられる点である。このような文字注記は前段までの画中にはみられなかったものであり、すなわち、この第十八段の絵は多分に「大山寺絵図」としての色彩を兼ね備えた内容を有しているといえよう。

それにしても、この「絵図」によれば、中世には僧坊三千と称された大山寺にもかかわらず、南光院、西明院、中門院の各谷とも十軒余りの僧坊が描かれているにすぎない。僧坊三千とは、あちこちの霊山に共通して伝えられる伝承であり、おそらく中世の山岳宗教集落の実態は、この図中の表現に近いものだったのではなかろうか。

『大山寺縁起絵巻』の巻一と巻二の絵の残存している部分は以上で終わるが、その後の巻については、断片的に模写が東京大学史料編纂所に保管されており、また、詞書の部分は『群書類従』などに収録されていて、ほぼ全文を知ることができる。そこで、もう少しだけ『大山寺縁起絵巻』にこだわって拾い読みを続けたい。

四　『大山寺縁起絵巻』巻三・四を読む

巻三に入ると、第十九段では康和四（一一〇二）年の国司の参詣時に、競馬流鏑馬、相撲、田楽などが行われたとある。これらは平安後期というよりも、むしろ縁起の作成された中世当時において大山寺で盛んに行われていた芸能の内容を示唆するものであろう。

また、第二十〜二十二段では平家三代の参詣が語られ、大山寺に大般若経が奉納されたとある。今日では、広島県宮島の厳島神社に伝来する平家納経が著名であるが、もしこの記述が史実であれば、かつては大山にも平家納経が存在していたのかもしれない。

群書類従本では、その後の第二十五段に平将門の話が出てくるなど、時代が若干前後している部分もあり、諸本を比較して原本に近い内容や順序の考証をまずすべきなのであろうが、この点は今後の課題としたい。

さて、第二十七段では、熊野権現と白山権現の霊験譚が語られる。これを近藤喜博（『日本の神』[注20]）は「相互に山の宗教者往反の内面事情を示すものであり、（中略）大山の勢力は仲々に有勢なるものがあった」と評されている。

しかし、近藤氏の指摘するように、この段の時代である古代末期に、果たして大山は熊野や白山に比肩するほどの勢力を有していたのであろうか。むしろ、縁起の作成された中世においても、ひいき目にみたところで、これらの霊山に肩を並べるとの表現は言いすぎであろう。ここでも、縁起の権威づけのために、大山を熊野や白山と対等に扱った作為があったのであろう。

『大山寺縁起絵巻』への言及の最後として、最も著名な生身の地蔵をたずねる説話を紹介しよう。この巻四に登場する説話は東京大学史料編纂所に模写の絵が残されている。この説話は、備後国神石に住む出家が地蔵菩薩を信仰し、大山へ参詣して生身の地蔵の姿を拝みたいと願ったところ、夢告によって下野国岩船の地蔵坊の屋敷に泊まったが、この地蔵坊は村人の依頼で同時に何カ所もの田植えを手伝った。これこそ生身の地蔵と拝んだところ、本当の地蔵は大山の地蔵と教えられ、再び大山へ戻ったという内容となっている。

そして、絵には地蔵菩薩を拝む姿や、音楽にあわせて田植えを行う早乙女たちの様子が描かれている。このような田植えは今なお、中国地方の山間部に伝えられており、飾った牛に代掻きをさせ、楽器の囃しにあわせて田植唄を歌いながら、着飾った早乙女が田植えを進める儀礼で、大田植や花田植と呼ばれる。(注21)この儀礼は大山信仰との関連をうかがわせるものであろう。

五　大山信仰の諸相

伯耆大山の信仰は空間的には、どのような拡がりを有していたのだろうか。近代の民俗事例をみると、文化庁編『日本民俗地図Ⅲ(信仰・社会生活)』(一九七二年)(注22)によれば、大山講や大山参りは、広島県の山間部や岡山県の瀬戸内沿岸にみられる。これは昭和三十年代後半の調査で、調査地点も少ないために大山信仰の拡がりを十分とらえてはいないが、大山智蔵院円慶の「大山諸事覚書」によると、江戸時代前期には、因幡・伯耆・出雲・美作・備前・備中・備後に毎年定期的に固定した参詣者があったという。さらに、江戸中期になると、出雲・因幡・伯耆・石見・隠岐・美作・備中・備前・安芸・播磨・讃岐の諸国から参詣者を集めたという。

「伯州大山略絵図」の左下端部に描かれるごとく、晴れた日に大山に登れば、日本海に浮かぶ隠岐島を手に取るように望むことができる。逆に日本海を航行する船舶や隠岐島からも伯耆大山を仰ぎ見ることができ、漁師や船頭にとって、大山は、海上において自らの位置を確認する「山あて」の目印となる霊山であった。

　江戸時代に日本海を通る西廻り海運は物資輸送の動脈として盛んに利用された。東北や北陸の米などは日本海海運によって天下の台所と称された大坂へ運ばれたのであった。隠岐島は、その立地から、貴重な風待ち・避難港として栄え、多くの船が立ち寄り、各地との交流が存在した。その中で、伯耆大山に参詣に来る者もあったのだろう。あるいは、讃岐あたりからの参詣者も、片道は西廻り航路を利用して下関を回って大山を訪れた可能性もないとはいえない。

　一方、陸路もまた伯耆大山参詣に盛んに利用された。むしろ、江戸時代の社寺参詣の旅は、徒歩行程が一般的であった。山陽新聞社発行の『岡山の大山みち』（一九八一年）には、大山へ向かう道沿いに建てられた道標や、お地蔵さんに道しるべを刻んだものなどの写真が数多く収録されており、往時のにぎわいがしのばれる。「伯州大山略絵図」（後掲**図1・1**）の右端部やや上方に「作州道」という文字注記がみえるが、岡山県方面からの街道は、大山信仰にとって重要な参詣路であった。また、淀江町中央公民館歴史教室の手による『大山道――道標と石地蔵が語る大山信仰――』（一九七九年）でも、各地からの参詣路がよく調査されている。

　大山の信仰には、縁起の紹介でも触れた地蔵信仰、他界信仰、牛馬守護信仰、稲作信仰などがあげられる。（注23）まず、地蔵信仰については、下村章雄『大山史話』（注24）にも詳しく述べられているし、実際に大山を歩いてみても至る所にお地蔵さんの姿をみることができる。大山寺の本尊が智明権現、その本地仏が地蔵菩薩とされているのだから、地蔵信仰はいわば大山信仰の中核であるといえよう。

　だが、ここでは地蔵信仰を他界信仰との関連から述べてみたい。他界とは、現世に対するもので、すなわち死後の世界を指す。日本における他界観念として、山の中に死後の世界を想定する山中他界観が存在する。したがって、山の神を祖霊神とみる考えもありうる。

そして、山は単なる他界ではなく、そこには地獄と極楽の双方が設定された。天へ連なる軸として、山頂部（峰）が浄土とみなされたのに対して、暗くじめじめした谷は地獄にたとえられた。各地の霊山には地獄谷と称される地名がしばしばみられるが、大山においても、東壁直下の大山滝へと続く谷筋が地獄谷と呼ばれている。同様に、山中他界を示す地名としては、金門の上流に賽の河原といった地名もみられる。「伯州大山略絵図」には、本社の左上に劔ヶ山が針の山のように描かれ、その左下に地獄谷の文字注記がみえ、あたかも劔岳と立山地獄谷の位置関係を彷彿とさせる。

このように、山を他界とみる考え方は、死者の葬送の場所と関連する。かつては山中に死者を埋葬する習慣があったとされ、前述の地獄谷はそのような場所とみなされる。大山周辺の村々には両墓制がしばしば存在したという。(注25)両墓制とは、山中の埋め墓と村の寺院内の詣り墓の二つの墓を持つ葬制のことである。死者は村の背後の山に葬られ、そこで祖霊となって大山へのぼるといわれる。したがって、大山へ参詣すれば、死者に会えるという信仰もみられるわけである。

このような他界信仰と地蔵信仰の関連を最後に指摘すれば、地蔵とは地獄に落ちた者を救済する仏であり、したがって山中の地獄に落ちた死者たちを救うために地蔵信仰が盛んになったと考えられる。

次いで、稲作信仰とそれに関連する雨乞信仰について触れてみたい。日本民俗学においては、山の神が春になると里に降りて田の神になり、秋には再び山へ帰るのであるという。大山の神もこの山の神としての意味を付与され、田植え時の宗教儀礼の際に勧請されたりするのである。この有名な例として「大山供養田植」が知られる。大山供養田植は大山信仰圏内の備後・備中・伯耆・出雲と美作・安芸の一部でみられ、五穀豊穣と牛馬の供養を兼ねて、大山の神を迎えて主に牛馬商人である博労が催した。(注26)

また、田植唄でも備後出雲系のナガレ形式の田植唄には多くの大山信仰に関する唄があるが、安芸石見系のオロシ形式には大山関係は少ないという。しかも、大山坊主などと揶揄され、いささか権威を失墜している。ここにも信仰圏の中心部と周辺部とでの差異が顕現しているといえよう。

雨乞信仰も、水を不可欠とする稲作農民の信仰であり、日照りの際には降雨を祈願するわけである。(注27) 水の神としては竜神がよく信仰される。竜が住むと伝えられる池などが雨乞信仰の対象となり、大山では赤松の池がそれにあたる(「伯州大山略絵図」には文字通り「龍池」と記載されている)。近在の農民がこの池に水を汲みに来て、その水を村まで持ち帰って、村の水田に流すと雨が降るといわれる。大山の神は水源の山の水分の神としての役割も果たしていたのである。

最後に、大山の牛馬守護信仰について述べてみよう。なぜ、大山に牛馬守護の信仰が盛んになったかという点については、大山信仰の拡がる中国地方、とりわけ中国山地は日本有数の牛馬生産地帯であったことが基盤となっている。農民が水源の山である大山の神に稲の豊作を祈願するのと同様に、牧畜に従事する人々は大山に牛馬の守護を祈ったのであった。

デービスの地形の輪廻の考え方によれば、中国山地の地形は日本アルプスのような急峻な壮年期の地形ではなく、幼年期の隆起準平原と呼ばれる地形である。つまり、山頂部には比較的平坦な台地面が続くが、河谷はV字形に深く下刻侵食されるという地形が発達している。そのため、集落は谷筋よりも高原上に展開したのであった。

さらに、中国山地に広く分布したタタラ製鉄も牛馬生産を発展させる要因になった。(注28) タタラというのは日本古来の製鉄法で、大量の木炭を必要としたため、山林は製炭原木として伐採され、その跡地が野草の生い茂る格好の放牧地となったというわけである。

また、製鉄のための砂鉄や木炭の輸送には牛よりも馬が多く使われた。しかし、近代製鉄の発達につれタタラ製鉄は衰退して、同時に中国山地での馬の生産も下火になったのである。一方で、牛は輸送や耕作用の役畜として生産され、主として近畿地方へ送られた。牛よりは馬のほうがスピードはあるものの、マグサなどの濃厚飼料を与える必要があり、夜は馬小屋に泊めねばならなかったが、牛は雑食性で道端でも寝るし、坂道にも強いという利点があり、零細農家でも飼いやすかった。

この牛が遠方からの大山参詣にも利用され、「牛に引かれて大山詣り」という光景を生んだのであった。(注29) もちろん、牛馬守護神であるから、牛も参詣に連れて来たのだとも解釈できよう。だが、大山寺境内には不浄の動物は入れないため、門前の入り口の博労座あたりにつないだことから、日本三大牛馬市と称された大山の牛馬市が起こったのであった。

さて、現代の大山寺集落は宿泊施設や食堂・土産物店などが軒を連ねる山陰地方屈指の一大リゾートタウンとなっているが、このような集落景観は一九九〇年前後のバブル経済、さらにさかのぼれば一九六〇年代以降の高度経済成長が生み出したものといえよう。とりわけ、一九六三年の米子市と大山寺を結ぶ大山有料道路と、一九七〇年の大山と蒜山を結ぶ蒜山スカイラインの開通が折からのモータリゼーションの進展と呼応して、数多くの観光客を集める結果となった。

スキーや登山の発展はもう少し以前にさかのぼる。昭和三十一（一九五六）年冬に町営リフトが運行開始されたことによって、大山はスキー場として有名になった。だが、観光地としての大山寺集落の始まりは昭和十一年にまでさかのぼる。この年に大山国立公園が指定され、前述の大山の牛馬市も廃止されたのである。

それまでの明治・大正時代の大山寺集落は牛馬の取引でにぎわう市場集落として栄えた。明治維新時の神仏分離により、明治八（一八七五）年に大山寺の寺号が廃止されたため、江戸時代に寺領三千石を有し、一山三院四十二坊からなった大山寺と諸院坊は廃寺となった。「伯州大山略絵図」には、その一山の姿が詳しく描かれている。明治三十六年にようやく寺号は復活したが、かつての宗教集落としての基盤は失われ、市場集落として機能したのであった。

六　「伯州大山略絵図」を読む

ここで詳しく述べる「伯州大山略絵図」（図1・1）は、堀田里席の写しであることが図中の左下にみえるが、江戸後期の作と推定されており、(注30) 近世の大山を描いた木版絵図としては第一級の資料であるといえよう。堀田里席は、奈良に存在した内山永久寺の境内図も十九世紀初頭に描いていることから、ほぼ同時期の作かと思われる。「伯耆国大山寺略絵図」という木版刷の絵図も伝来し、その絵図には大山寺の寺務をつかさどった西楽院の建物が「御殿」と記されている。この建物は、安政五（一八五八）年の再建以前は「本坊」と呼ばれていたとされ、(注31) この略絵図はそれ以降の作成であり、逆に「伯州大山略絵図」は、それ以前の作成であることになろう。

「伯州大山略絵図」には、上半部に伯耆大山の山容と山麓の宗教集落が描かれ、下半部には日本海沿岸が描かれる。下部中央に弓ヶ浜が垂直に、下端部に島根半島が水平に細長く描かれており、まさに「国引き神話」を図示した表現となっている。

そして、左下端部には隠岐島の輪郭が描かれ、右下端部には松江城下町から宍道湖を隔てて「ワニブチ山」までが描かれ、その山向こうに位置するはずの出雲大社の境内は描かれていない。この絵図の下半部に描かれた地域は当然ながら伯耆大山の信仰圏に含まれるが、大山は前述のように、もっと広範囲に信仰を拡げていた。

大山寺の境内の表現は、寛政九（一七九七）年の「大山寺古図」に描かれた十三堂塔三院谷四十三坊の景観をほぼ踏襲しているものとみられる。三院は、阿弥陀如来を信仰対象とする西明院、釈迦如来を信仰対象とする南光院、大日如来を信仰対象とする中門院からなる。「伯耆国絵図」には、大山の山麓に三つの建物が象徴的に描かれ

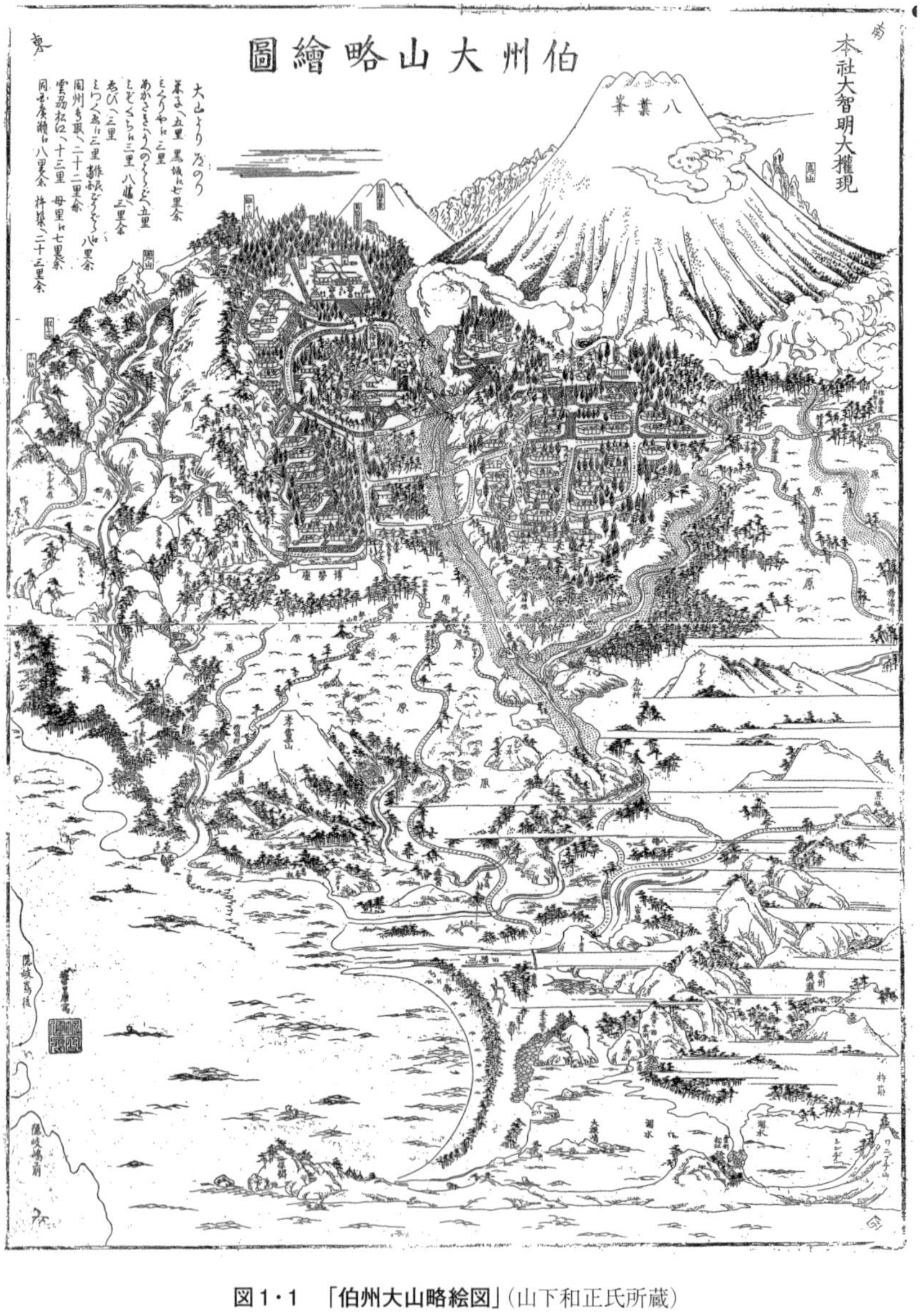

図1・1　**「伯州大山略絵図」**（山下和正氏所蔵）

るが、[注32]それらは、この三院の図像的表現であるといえよう。

それよりも、むしろ絵図の左右と下半部に描かれた参詣道の描写に興味をひかれる。大山へ通じる道は大別して、川床道・坊領道・尾高道・横手道の四本に分けられるとされるが、この絵図には、より多様な参詣道が描かれている。絵図の左上端には、大山からの道のりが記されており、米子・黒坂・御来屋・赤崎・溝口・八橋・江尾・三朳・郷村・松江・広瀬・杵築といった周辺の町や村までの里程が示されている。

日本海には、沖合いを航行する西回り海運の北前船も描き込まれ、右上部に聳え立つ霊峰大山から中腹の宗教集落、そして裾野に広がる参詣道を通して信仰圏とつながる世界を描き出すことが、この絵図の作成目的であったと想定されよう。

大山寺は、慶長十五（一六一〇）年に、豪円僧正の尽力によって、幕府から寺領三千石が安堵されたという。[注33]この絵図は中世的な縁起の世界を描き出すことによって、近世の寺領を護持しようとする目的があったものと理解されよう。

七　おわりに

以上、伯耆大山について、縁起絵巻および絵図から歴史地理学的な読解を試みた。第二章で論じた戸隠山絵図でも同様であるが、近世に作成された霊山の絵図は、中世的な縁起の世界を画面中に反映することが作成目的のひとつであったといえよう。

各地の霊山には、まだまだ数多くの絵図や絵画史料が残されているとみられる。それらの解読が進むことを期待したい。

注

（1）山下和正『地図で読む江戸時代』柏書房、一九九八年。
（2）五来重『修験道入門』角川書店、一九八〇年。
（3）長谷部八朗「伯耆大山信仰」・鈴木岩弓「伯耆大山信仰――縁起に示された大山の霊威――」ともに坂田友宏編『日野川流域の民俗』米子工業高等専門学校日野川流域民俗総合調査団、一九九〇年に所収。
（4）三浦秀宥「伯耆大山の信仰と諸伝承」『仏教民俗学大系七　寺と地域社会』名著出版、一九九二年。
（5）松崎憲三「伯耆大山の地蔵信仰と死者供養――備中地方を中心として――」松崎憲三・山田直巳編『霊山信仰の地域的展開――死者供養の山と都市近郊の霊山――』岩田書院、二〇一八年に所収。
（6）下村章雄『大山史話』稲葉書房、一九六六年。
（7）近藤喜博『日本の神――神道史学のために――』桜楓社、一九六八年。
（8）川上廸彦『大山文学散歩』山陽新聞社、一九九六年。
（9）前掲注（7）参照。
（10）金井典美『湿原祭祀』法政大学出版局、一九七七年。
（11）前掲注（7）参照。
（12）黒田俊雄『寺社勢力――もう一つの中世社会――』岩波新書、一九八〇年。
（13）前掲注（2）参照。
（14）長野覺・朴成壽編『韓国・檀君神話と英彦山開山伝承の謎』添田町、一九九六年。
（15）由谷裕哉「古代東アジアにおける宗教文化の交流の一側面――七〜九世紀頃の道教・新羅仏教と白山との関係を中心として――」小松短期大学論集六、一九九四年。
（16）拙稿「韓国民俗学の研究動向と課題」山形民俗九、一九九五年。

（17）千葉徳爾「いわゆる「裏日本」の形成」『民俗と地域形成』風間書房、一九六六年、古厩忠夫『裏日本――近代日本を問いなおす――』岩波新書、一九九七年。
（18）前掲注（7）参照。
（19）前掲注（7）参照。
（20）前掲注（7）参照。
（21）牛尾三千夫『大田植と田植歌』岩崎美術社、一九六八年。
（22）文化庁編『日本民俗地図Ⅲ（信仰・社会生活）』国土地理協会、一九七二年。
（23）三浦秀宥「伯耆大山と民間信仰」岡山民俗百号、一九七二年。
（24）前掲注（6）参照。
（25）田中新次郎「伯耆大山をめぐる村落の葬制と婚姻」地方史研究十一、一九五四年。
（26）前掲（21）参照。
（27）高谷重夫『雨乞習俗の研究』法政大学出版局、一九八二年。
（28）市川健夫『日本の馬と牛』東京書籍、一九八一年。
（29）石田寛・横山英治「大山博労座」岡山史学六・七、一九六〇年。
（30）前掲注（1）参照。
（31）『大山――その自然と歴史――』山陽新聞社、一九九二年。
（32）倉地克直『絵図と徳川社会――岡山藩池田家文庫絵図をよむ――』吉川弘文館、二〇一八年。
（33）前掲注（31）参照。

コラム1 藤岡謙二郎先生と卒業論文

京都大学に入学当初は、日本古代史か地理学のどちらかを専攻したいと、おぼろげながら考えていた。そこで、教養教育として開講されていた日本史と地理学の科目を、できるだけ履修することにした。

後年、教養部に所属した立場からすれば、もっと幅広い科目を履修すべきであったといえよう。日本古代史の演習は、地味な講読で面白みを感じられなかった。唯一、興味を比較的感じたのは井上秀雄先生の日韓交流史の講義だった。いまでも当時のテキストを保管しているが、後に朝鮮半島に関心を持つ契機となったのかもしれない。

それに比べて、藤岡謙二郎先生、浮田典良先生、そして翌年から教養部に着任された足利健亮先生の講義と演習は、たいへん魅力的で、たぶん入学後の前期の段階で、地理学を専攻しようと決めたような気がする。

また、地理同好会というサークルに入ったら、藤岡・浮田両先生が顧問で、年に一度の宿泊旅行には同行いただいたことが思い出される。教養部では、学生向けの見学会も度々催され、地理学などの先生方が案内役として先導された。当時、岩波新書で『洞穴学ことはじめ』(一九六八年)を書かれてまもない吉井良三先生に鈴鹿山地の鍾乳洞へ案内していただいたこともあった。

その中で、滋賀県の多賀大社へ出かけた折りのこと、当時は教養部助手だった水田義一先生から、庭園を見せていただけるそうなので、藤岡先生を探してきてほしいと依頼され、通りを散策しておられた藤岡先生に「藤岡さん」と声をかけたところ、「君は生意気やな。先生と呼びたまえ」と一喝された。学生が年賀状に「藤岡様」と記したら、「〇〇先生」と宛名書きされた返信が届いたという逸話もあったそうだ。それ以来、卒業まで、常に「しかられ役」となった。

一年生の教養ゼミは足利先生が担当しておられ、筑後国府について現地を訪問して調査のまねごとをした記憶がある。そのまとめの過程で、藤岡先生の研究室を、いきなり訪問して、例によって一喝されたこともあった。

三年生になって、学部に進学して人文地理学専攻となったが、三年ゼミは藤岡先生の担当で、厳しい指導には定評があった。その頃は、少し方向性が変わり、自然保護や環境保全に関心を持つようになったが、文学部で本格的に取り組むことは難しかった。

そこで、山村の観光開発に興味を持つようになり、当時、乱開発が問題視されていた伯耆大山へ通うようになり、地元で活動していた大山の自然を守る会に入れていただいた。それを三年ゼミの課題レポートとして提出したところ、藤岡先生から「君は観光地理をやりたまえ」とアドバイスをいただき、それが卒論で長野県戸隠村をフィールドに選んだ契機となった。

大学院に進み、博士課程三年目の夏、山形大学に赴任する少し前に、『地理学評論』に出羽三山の論文が掲載された。その直後に藤岡先生と久しぶりに北白川のバス停でお会いしたところ、「えー論文書いたな」とほめていただいたことは忘れがたい。先生が亡くなられる直前の春の日本地理学会大会では、ご子息の換太郎氏(地球科学者として大成され、『山はどうしてできるのか』など、多数の著書がある)を同行され、多くの方々に紹介されていたことを覚えている。一九八五年四月十四日の先生の葬儀の日は教養部のオリエンテーションの日であり、教務厚生委員のお役目上、新入生のガイダンスを担当せざるをえず、参列できなかったことは今も心残りである。

第二章　絵図にみる戸隠山信仰

戸隠中社宿坊極意（2015 年 7 月　筆者撮影）

一　はじめに　戸隠信仰研究の展開

筆者は、一九七五年夏の卒業論文の調査以来、巻末の業績一覧に示されているように、戸隠研究を継続してきた。このところ、戸隠信仰研究に新たな展開がみられるので、まずは、それらを展望することにしたい。

たとえば、地方史研究協議会の二〇一六年度大会が新潟県妙高市で開催された。その報告書には、遠藤公洋の論考が収録されている。(注1)また、今日の戸隠研究の進展につながる史料集の校注を担当した曽根原理は、戸隠山別当であった乗因について集大成した著書を刊行した。(注2)

二　戸隠信仰と参詣

戸隠山参詣は、東日本からのお伊勢参りの行き帰りに中山道を経由して、善光寺参詣とともに行われることが多くみられた。また、関東地方からの戸隠詣りは、出羽三山参詣の途中で立ち寄る事例もみられた。

戸隠への参道は、善光寺の背後から七曲がりを登り、飯綱山麓の大久保の茶屋を経て、戸隠に至る表参道と、北国街道の柏原宿から黒姫山麓を登って戸隠に至る裏参道とがあったが、どちらも難路であり、とりわけ裏参道は迷い道であったようで、江戸時代の旅日記にも、道案内を頼まないと無事通れないとか、道端の柴木に目印の紙が結び付けられているといった記載がみられるほどであった。

戸隠詣りの旅のルートは表参道から裏参道へと通り抜ける場合が一般的であったが、出羽三山や比叡山などの参詣においても、登りと下りでは別々の参道を経由することが一般的にみられ、この背景にはできるだけ数多くの名所旧跡を見学しようとする発想が存在したものと思われる。

ただし、中山道を経由して善光寺から戸隠に参詣する場合に再び善光寺へ戻る事例もいくつかみられたが、これは善光寺と戸隠が中山道からは北へはみ出しているために同じ参道を往復する経路となったのであって、街道の分岐点の篠ノ井追分宿や犀川の渡しの手前の丹波島宿に荷物を預けて身軽になってから善光寺と戸隠へ参詣したり、さらには松本のすぐ北の岡田宿から峠を越えて上田宿まで荷物を回送するシステムも存在していた。身軽なスタイルで旅を楽しみたいと思う心は今も昔も変わらない。

さて、戸隠信仰は日本列島にどれくらいの範囲で拡がっていたのだろうか。戸隠まで日帰りで参詣できる県内の隣接地域では、水神としての戸隠信仰が濃厚に流布している。日照りで干ばつに見舞われた際には、雨乞い儀礼として戸隠に「お水もらい」に行って、その水を用水路に流すと雨が降るとされた。途中で水桶を地面に置いてしまうと、その場所に雨が降るといわれた。新潟県妙高市では、スキー場の降雪祈願のために戸隠神社に参拝し、これを「雪もらい」と呼んでいるし、新潟県糸魚川市能生では「ぬけ止め(地すべり防止)」の祈願として「ぬけまつり」の祭事が行われており、いずれも水神としての戸隠信仰の延長上に位置づけられる。

なお、この「ぬけ止め」の信仰について、天保十(一八三九)年の旅日記に、能生にある抜け穴が戸隠とつながっている旨の記載がみられ、(注3)おそらく近世までさかのぼることのできるものと考えられる。

もう少し離れた北関東あたりでは、水神としての信仰に加えて、作神(農耕神)としての性格が強くなり、新春の戸隠神社の作占いのおみくじが非常によく当たることが重要視されている。講員から数名の代表者を選んで毎年交代で戸隠に参詣するという代参講と呼ばれる形式がとられてきたが、近年は参詣を行わずに、お札やおみくじを郵送でいただく場合が多くなってきている。それより遠隔地になると、信仰の分布は薄まるが、水神や作神としての性格が、より強調され、講元の世話人の活動に頼ることが多くなる。

また、今は戸隠信仰が存在しなくとも、かつて存在した痕跡として信仰碑が残存している場合がみられる。その一例として、北端の戸隠信仰の事例として山形県庄内町の石碑を紹介しよう。最上川の南岸に程近い庄内平野

図2・1　九頭竜石碑
（2012年12月　筆者撮影）

の農村である廿六木（とどろき）集落内の皇大神社境内の小祠の中に、この九頭竜碑は祀られている（**図2・1**参照）。九頭竜神は水神であり、戸隠信仰の石碑では、戸隠三社の祭神よりも九頭竜碑の事例が多く、水神としての信仰が強かったことを物語っている。石碑は五十センチ足らずの小さなものであるが、下部には九つの頭を持つ竜の姿が刻まれ、上部には「信濃国　戸隠山　九頭大権現」との銘文がみられ、戸隠信仰にゆかりの石碑であることが知られる。[注4] 集落のはずれには雨乞い沼がかつてあり、村人は九頭竜碑に雨乞いと最上川の氾濫防止を祈ったのであろうか。

このように、戸隠信仰は東日本の広い範囲に拡がっており、水神ないし農耕神としての信仰を集めてきたのである。

三　戸隠を描いた絵図

戸隠を描いた代表的な絵画史料として、『善光寺道名所図会』をあげることができる。この名所図会は、天保十四（一八四三）年に美濃国今尾藩士の豊田庸園が中山道から北国西街道を経て、善光寺に詣り、北国街道から江戸へ向かう行程を、碓氷峠までの各宿場や名所旧跡について挿絵入りで紹介したもので、名古屋の版元である静観堂（美濃屋伊六）から刊行されたものである。

その巻四に、戸隠三院が取り上げられており、中院と宝光院が一枚の画面に描かれ、奥院および裏山が、もう一枚の画面に描かれている。ちなみに、戸隠表山とは奥院背後の切り立った岩山を指し、裏山とは戸隠牧場から一不動を経て、五地蔵山から高妻山、乙妻山へと連なる山なみを指す。戸隠参詣は奥院までで、表山に登る例はまずみられないが、裏山に登る例は少しはあったようだ。

この『善光寺道名所図会』の挿絵は、スポット的に描かれたものであり、広がりを有する絵図的表現とはいいがたい。それに対して、戸隠一山を描いた絵図として、数点の作例が知られる。(注5) 幕末に浮世絵師の二代歌川広重が描いた「諸国名所百景」の中のひとつ「信州戸隠山九頭竜大権現」は、縦長の構図で、戸隠三院を描くが、文字注記があるのは九頭竜権現のみで、当時の戸隠は九頭竜信仰が中心となっていたことが知られる。

九頭竜は水の神として知られるが、江戸時代には、商売繁盛や落語に出てくるように歯痛のご利益もあるとされ、本地は弁財天で、中社境内の向かいに位置する戸隠観光会館の場所は、かつて池であり、中央に弁天社が祀られていたという。(注6) この弁天社は、後述する絵図にも描かれている。

また、「信州戸隠山之図」（長野県立歴史館所蔵）は、やや稚拙な表現であり、北を除く四隅に、東・南・西の文字注記が存在することを、指摘しておきたい。作成年代は宝光院という記載のみられることから、江戸時代であることは確かであり、奥院がひときわ大きく描かれていることが特徴となっている。

さて、以下で詳しい分析を行う「信州戸隠山惣略絵図」（**口絵2**）が存在する。この絵図は、中社の宿坊である二澤家に伝来したものであるが、復刻版が戸隠神社宝物殿などで頒布されている。県立長野図書館の資料紹介では、江戸末期の作成と推定されている。確証はないが、奥院および戸隠表山の描写が類似していることから、前述の『善光寺道名所図会』と同じ頃の作成であろうか。

ただ、『善光寺道名所図会』とは異なり、奥院・中院・宝光院のそれぞれの宿坊には、院坊名が明記されている。それらによれば、十八世紀後半に生じた、いわゆる雪舟引き事件後に転住した院坊名が記されていることから、それ以降の作成であることは確実といえる。

私見では、この絵図の表現上の最大の特徴は、戸隠三院の描写ではなく、むしろ戸隠のテリトリーの描写にある。戸隠山の中世の縁起として、最も整ったものと評価される「戸隠山顕光寺流記」には、「當山四至堺之事」として、「東ハ飯縄山鳴岩ヲ限リ南ハ仁和坂本郷ノ峯ヲ西ハ大峯二本杉ヲ北ハ黒姫境宮ヲ限ル」と記されている。

一方、この絵図の右下端部には東、左上端部には西、という方位が明示されており、記載はないものの、左下端部が南、右上端部が北に相当することは明らかであろう。その右下端部には、一ノ鳥居が描かれ、その左手に「コレヨリ中院マテ五十丁余」と注記されている。東の文字の左手には「南ミチ善光寺マテ四リ余　北ミチ柏原宿マテ五リ」と注記されている。善光寺からの参詣路が表参道、柏原からの参詣路が裏参道とされる。

一ノ鳥居の上方に飯縄山が大きく描かれ、その左手に「御座岩」と記された巨大な岩がみえ、この岩が縁起に記された鳴岩に当たるものかもしれない。この絵図の東端には、縁起の記載にほぼ相当する場所が表現されているといえよう。

次いで、絵図の左下端部には、「アラクラ山」と「モミヂガ窟」が描かれている。この地は、謡曲「紅葉狩」で知られる鬼女紅葉伝説が残る旧鬼無里村（現長野市）に位置するが、残念ながら、縁起にみえる仁和坂本郷ノ峯と同一の場所であるかどうかは明らかではない。江戸時代後期には、既に南境が不明であったので、この著名な場所を絵図に描いたのかもしれず、縁起と一致するのかは不明といわざるをえない。

さらに、絵図の左上端部には、無名の山が描かれ、山頂の右下に二本の大木が描かれ、「二本杉」と注記されている。これが縁起に記された西境の大峯二本杉に該当することは明らかであろう。

最後に、絵図の右上端部には、黒姫山が描かれ、その下方の松の木のたもとに小さな建物があり、「境ノ宮」と注記されている。これも縁起に記された北境そのものが表現されているといえよう。

以上で検討したように、この絵図の四隅には、中世の「戸隠山顕光寺流記」に示された縁起的四至が具現化されていることが判明した。なぜ、戸隠において、中世の縁起的四至が重要視されたのかといえば、江戸時代に隣接する松代藩領との境争論が頻発したことが、その理由として考えられる。その争論に際して、戸隠側は中世の縁起に記された四至を証拠としたとされる。(注7)

この「戸隠山顕光寺流記」を読み解く労作を記した鈴木正崇は、そこに述べられた戸隠山の四至は方位に基づく正確な境界領域を示すというよりは、現実の境界と想像の境界の混淆である可能性が高い、と指摘し、境界地では、自然景観が意識され、南限と西限は場所が特定できない、とする。(注8)

しかしながら、この江戸時代の絵図には、戸隠山の四至が具体的に景観表現されており、けっして想像の境界であるとはいいがたい。確かに、今では南と西の境界は特定できないが、少なくとも西の境界については前述のように認識されていたことは明らかであろう。絵図に、中世の縁起的四至を現実の景観として描写することによって、徳川幕府から朱印地として与えられた戸隠神領を護持していく必然性が存在したものといえよう。

ところで、絵図の神仏分離後のバージョンといえる「信州戸隠山惣略図」も存在する。この絵図では、戸隠三院は、神社となり、それぞれの宿坊は今につながる苗字が記されている。絵図の左上には「官私大祭日」として、奥社・中社・宝光社・日ノ御子社のそれぞれの祭日が記されている。明治三十年の印刷・発行であり、著作人が武井□磨、印刷人が横倉千早、発行人が藤井筑摩と明記されており、いずれも宿坊の主の名前となっている。中社集落においては、この時点で随身門(旧仁王門)は既に描かれていない。

四　おわりに

近年、戸隠研究には進展がみられたものの、近世の絵図を活用した研究はみられないままであった。歴史地理学の調査研究の題材として、歴史空間を描いた絵図や絵画史料の重要性は、いまさら指摘するまでもない。

本論では、戸隠の縁起において主張された中世的テリトリーが、近世絵図にも反映していることを例示して、その活用の可能性について試みた。近世絵図は各地で豊富に残されており、今後の活用が期待されよう。

注

(1) 遠藤公洋「中近世の戸隠山とその信仰――「離山」と配札を手がかりに――」地方史研究協議会編『信越国境の歴史像――「間」と「境」の地方史――』所収、雄山閣、二〇一七年。
(2) 曽根原理校注『続神道大系神社編　戸隠(一)・(二)』神道大系編纂会、二〇〇一年。曽根原理『徳川時代の異端的宗教――戸隠山別当乗因の挑戦と挫折――』岩田書院、二〇一八年。
(3) 野口一雄「肥前長崎への旅日記――道中での見聞と体験――」村山民俗三二、二〇一八年。
(4) 拙稿「権現さまに参ろじゃないか」地域文化(八十二文化財団)五六、二〇〇一年。
(5) ウェブサイト「信州デジクラ」長野デジタルアーカイブに収録。
(6) 端戸信騎『戸隠山九頭龍考』オフィスエム、二〇一五年。
(7) 大石慎三郎「戸隠山神領の構造と入会問題」学習院大学経済論集六-一、一九六九年。
(8) 鈴木正崇「中世の戸隠と修験道の展開――『顕光寺流記』を読み解く――」篠田知和基編『異界と常世』所収、楽瑯書院、二〇一三年。

コラム2 水津一朗先生と修士論文

文学部史学科人文地理学教室の主任教授が水津一朗先生であった。当時の文学部史学科では、三年生から教室配属となるが、その前に二年次に各科目の概論が設定されていた。それぞれ、主任教授が講義する慣わしで、国史学では岸俊男教授、考古学では樋口隆康教授の講義を拝聴した記憶が残る。

しかし、水津先生の概論の記憶は薄い。というか難解すぎて理解不可能であったといえよう。三年生からは研究という科目で、毎年の講義があり、その講義が数年過ぎると、一冊の研究書になるという内容であった。藤岡先生や足利先生の学部の講義も同様であった。

おそらく、三年生になった時の講義は、後に『近代地理学の開拓者たち―ドイツのばあい―』(地人書房、一九七四年)にまとめられる内容であった。その途中から三年生は講義を聴くのだから、そうそう簡単に理解できるわけがない。

さらに、外書講読という難関もあった。当時はドイツ語かフランス語しか選択肢がなく、教養部で第二外国語として中国語を選んでしまった身にとって、二年生になってから、その事実を知り、あわてて一浪で入学した友人のドイツ語のクラスに紛れ込んで泥縄で履修した。

その中国語担当は、尾崎雄二郎教授と当時は神戸大教授であった一海知義先生であった。お二人の大先生に教えを受けながら、外国語が苦手のために中途半端なままに終わった。

尾崎先生は小川環樹先生の高弟であり、環樹先生は地理学教室初代教授の小川琢治先生のご子息であることから、多少のご縁があったのであろうか。

ちなみに、ドイツ語はリルケやハイネの翻訳で著名な高安国世教授から教えを受けた。単位をいただく必要はなかったし、試験の時にほとんど解答できなかったこともあって、答案を出さずに机の下に隠したところ、単位はだいじょうぶか？と声をかけていただいた優しい先生であった。

そのような、なかなか実に入らなかったドイツ語の講読は、うまく翻訳することが難しかった。それもそのはず、テキストはたとえばシュミットヒューゼンの熱帯雨林景観に関する書物であったりしたからである。三年生の講読ではあるが、初回は慣例で、院生の年長者が訳すことになっていた。博士課程時に、しどろもどろで訳したところ、水津先生から「勉強していないと、このようになります」といわれて、ぎゃふんとなった。

さて、当時の卒論ゼミは、大学院生も出席して、四年生が順番に卒論についての発表を行う場であった。いまだ大学紛争の余波で、時々ストライキがあったりして、講義もゼミも年間で十五回ほどの回数であったと記憶する。それで、一人数回ほどの発表回数だった。

卒論は、戸隠の観光地化をまとめて提出したが、大学院入試は一次試験の英語ができずに、二年続けて不合格となった。

もっとも、浪人一年目は出身高校の非常勤の地理教師に雇っていただいたのだが、放課後の軟式テニス部の活動に肩入れしすぎたせいもあった。二年目も非常勤を続けたが、少し自粛して、英語の受験勉強（歴史哲学が出題された）に励み、なんとか合格できた。

不合格二年目の時は、水津先生に百万遍の喫茶店に連れていただき、今後の進路を問われたことが印象に残る。この間も、時々は戸隠に通い、山岳信仰に関心を持ち始めた。それで、修士論文では、山岳信仰をテーマに選ぶことにした。

三度目の正直で、修士課程にやっと合格したが、二次試験ではドイツ語があり、なかなか難問だった。午後からは口頭試問だったが、昼休みに教室の円卓に来たところ、水津先生が座っておられ、「ここはこう訳さないと」とうまくなかった翻訳を説明していただいた。

修士一年次は、戸隠の山岳信仰をさらに調査し、修論のフィールドには出羽三山を選んだ。ところが、修士二年次では現地調査も重ねたが、体調不良などもあって、見通しが立たないままに終わった。修士三年目で、ようやく信仰の拡がる地域の側に焦点を当てることで、道が開け、修論を提出することができた。山岳信仰を霊山の側と信仰圏の側の双方から考察した試みは、学会誌論文投稿後に地理学のみならず、民俗学からも評価を得たことは想定外の喜びであった。しかしながら、修了式は気が向かずに欠席したのだが、当時は水津先生が文学部長で、先生からお言葉と修了証書をいただけたはずなのに、さぼってしまったのは痛恨だった。

満足できる修論を提出できたので、博士課程に進学できたのだが、水津先生と親しく会話ができるようになったのは、ようやくこの頃であった。大学院ゼミの後に、先生をお誘いして近くの百万石という中華料理店に飲みに出かけて、ゼミの延長戦を繰り広げるのは、とても楽しいひと時であった。

水津先生のおすすめで、職を得てからも、正月に仲間たちと先生のお宅を訪問することは大きな楽しみであった。就職時に提出する履歴書を、まず先生にお見せすると「もうちょっときれいに書けんかい」と指摘されて書き直しが入ることは慣例であったらしい。退官祝賀会にも出席し、奈良大学に移られてからも時々お会いしたのだが、ちょうど山形にゼミの学生を連れて訪問される予定の直前に学長に選ばれ、お越しいただくことがかなわなかったのは残念至極であった。

先生が亡くなられた一九九六年四月八日は年度はじめで、ご葬儀に駆けつけたが、参列者が多く、会場に入ることができなかった。お別れの際にも、悲しみがあふれて、ご遺体に近づくことができなかった。先生は、黄檗山万福寺の上の宇治霊園に眠っておられる。

水津先生墓標
（2018年9月　筆者撮影）

第三章　出羽三山の絵図・映像記録と日本遺産

羽黒山荒沢寺女人禁制碑
（2012 年 6 月　筆者撮影）

第一節　出羽三山信仰を描いた映像記録

一　はじめに

一九八三年十月に山形大学教養部へ赴任して、はじめてのボーナスでＶＨＳビデオデッキを買い求め、それ以来、折に触れて、歴史地理学や民俗学に関係する映像を録画してきた。

二十一世紀に入るころから、ビデオテープからＤＶＤさらにブルーレイへと映像録画技術は進歩を遂げたが、八ミリビデオやレーザーディスクなど、もはや再生機器が入手できないようなソフトも出てきている。

さて、その録画コレクションの中には、出羽三山信仰に関わる映像も、かなりの量が含まれているので、この機会に、ひとまず集大成しておきたい。

二　出羽三山信仰を描いた記録映像

まずは、私自身が実見もしくは録画した映像、およびソフトを購入した映像を古いものから年次ごとに一覧したい（**D**はＤＶＤ、**V**はＶＨＳビデオで保存、**H**は後述の放送ライブラリー所蔵）。

ア　「毎日世界ニュース　三九一　羽黒の火祭り」二分　一九五九年　**H**

イ　「新日本紀行　出羽三山」ＮＨＫ　三〇分　一九六七年　**D**

ウ　「知られざる世界　生きながらミイラになる　日本ミイラ探検」牛山純一制作　日本テレビ　二六分　一九七七年　**H**

エ「湯殿山麓呪い村」東映映画　一一二分　一九八四年　V
オ「探訪・幻の精進料理　東北アワー」NHK　三〇分　一九八五年　D
カ「出羽三山　修験の道の四季　東北アワー特集」NHK　四五分　一九八六年　D
キ「極める二　山岳信仰と修験　出羽三山」テレビ東京　二六分　一九八九年　H
ク「平成ふしぎ探検隊　怪奇！世界のミイラ」テレビ朝日　一一五分　一九九二年　D
ケ「出羽三山　死と再生　修行の山」NHK　四五分　一九九三年　V
コ「YBCロータリー　擬死・再生　初度位の羽黒山伏」山形放送　四九分　一九九四年　H
サ「羽黒山・出羽神社　松例祭」達商　二六分　一九九五年頃か（セルビデオ）　V
シ「地域文化を訪ねて　正善院黄金堂（羽黒町）」企画：山形県　TUY（テレビユー山形）　一五分　一九九六年
「羽黒山正善院」一五分　一九九六年　V
ス「ふるさとの伝承　羽黒修験　山の火祭り」NHK　四一分　一九九八年　D
セ「消える山伏～岐路に立つ出羽三山～」さくらんぼテレビ　五〇分　一九九九年　未見
ソ「白き鳥が飛び立つが如く～羽黒山五重塔～」NHK　三〇分　二〇〇三年　D
タ「〝山〟の伝統を伝えたい～羽黒山・山伏たちの祭り～　クローズアップ東北」NHK　三〇分　二〇〇四年　V
チ「修験　羽黒山　秋の峰」北村皆雄監督　一一五分　二〇〇五年　山形県立図書館蔵
ツ「やまがたスペシャル　まいど！岩本勉の山形出会い旅～ふるさと一番！総集編～　己を見つめろ！山伏修行」NHK　一〇分　二〇〇八年　V
テ「映像記録　房総の出羽三山信仰」千葉県伝統文化再興事業実行委員会　六〇分　二〇一一年　D

ト　「湯殿玄海古道～出羽三山　祈りの道をゆく」ＹＴＳ（山形テレビ）　三〇分　二〇一一年　Ｖ
ナ　「やまがたスペシャル　仏として生き続ける～即身仏　鉄門海上人の真実に迫る～　ＮＨＫ　二五分　二〇一四年　Ｖ
ニ　「東北Ｚ　即身仏～東北に息づく信仰の謎～」ＮＨＫ　四五分　二〇一五年　Ｖ
ヌ　「歴史秘話ヒストリア　オレは即身仏になる！～〝ミイラ仏〟の不思議な世界～」ＮＨＫ　四五分　二〇一五年　Ｖ
ネ　「羽黒山午年御縁年～豊穣への祈りと祭礼」ＹＴＳ　五五分　二〇一五年　Ｖ
ノ　「出羽三山の夏　古き祈りの道」ＹＴＳ　五四分　二〇一五年　Ｖ

三　映像記録の分類

上記の映像記録は大きくふたつに分けることができよう。ひとつは羽黒山の四季の祭礼や秋の峰入りの山伏修行を対象としており、もうひとつは湯殿山の即身仏を対象にしているといえよう。もちろん、両者を組み合わせた出羽三山の紹介映像もみられるが、やはり映像で表現される対象となるのは、そのふたつの題材が選ばれる場合が多い。松例祭を最初に紹介したアは、当時に映画館で本編上映前に上映されたニュース映画のひとつであり、当時はまだ月遅れ、かつ男性のみで行われていた祭礼を紹介した短編である。なお、この映像を含め、Ｈの記号を付した映像は、横浜市にある放送ライブラリーで無料で視聴できる（サイト上で検索も可能であり、未見ゆえ省略した場合もある）。

ところで、羽黒修験の秋の峰を撮影した映像は、基本的には出羽三山神社側の神道形式の山伏修行を取材したものであるが、羽黒山正善院側の仏教形式の山伏修行を初めて映像化したものがチであり、二〇〇三年に旧羽黒町いでは文化センターで開かれた日本山岳修験学会大会の場で初上映された。

一方、湯殿山のご神体は、他言無用の禁忌が今なお続いていることもあって、ほとんど映像記録でも見ることはできない。その中で例外的に、ご神体を撮影した記録として、まずイをあげることができる。

もうひとつはエであり、山村正夫による同名の原作小説の映画化であって、ドキュメンタリーではなく、劇映画であるが、当時は全盛期であった角川春樹事務所の制作であることから実現したものであろうか。池田敏春監督は根岸吉太郎東北芸術工科大学学長と日活に同期入社した経歴を有し、「人魚伝説」では原発を批判的に描いたが、その舞台となった志摩の海で亡くなったことが惜しまれる。

なお、湯殿山の修行である、お沢駆けを取材した映像がツである。仙人沢の上流を湯殿山のご神体のすぐ下にある滝まで沢沿いを遡るのが、お沢駆けの修行であるが、その映像も少ないことから貴重なものであるといえよう。

さて、イでも即身仏は描かれているのだが、後のブームともいうべき現象を導いたのはウであろう。牛山純一は民放ドキュメンタリーの元祖というべき人物であり、一九六六年から二四年間にわたり放送された「日立ドキュメンタリー　すばらしい世界旅行」を制作した。ウは一九七五年から一九八六年まで放送された「トヨタ日曜ドキュメンタリー　知られざる世界」の作品である。

この番組では、冒頭に岩手県平泉の藤原三代のミイラ調査の模様が紹介され、ついで湯殿山の即身仏が描かれる。このテレビ・ドキュメンタリーの巨匠の番組が後世に与えた影響は少なからず存在したとみてよかろう。ただし、クに代表される民放の番組は、いかにも興味本位的な内容にとどまっているといえる。

それに対して、二〇一四年秋から一五年春にかけて、鉄門海を題材にしたドキュメンタリーが制作された。この作品は山澤学筑波大学准教授の調査研究に依拠した内容であり、鉄門海の宗教活動の実態と布教による信者獲得に関する実証的な成果を映像化したものであり、従来の枠を超えた画期的なものといえよう。ナは山形県内のみで放送されたもので、鉄門海の足跡を古文書史料から復原した内容で、高く評価されよう。それをロング・バージョン化したニは、冒頭で日本ミイラ調査団の記録映像を紹介しており、残存していた歴史的映像記録が再現されたことは貴重なものである。

ただし、次第に一世行人の宗教活動よりもむしろ即身仏へと関心が移行していったことは惜しまれる。ヌでは、その傾向はさらに顕著となり、アニメの使用や俳優による演技などの表現によって、視聴者の受け狙いとしか思えない内容に終始したことは、はなはだ残念であった。

筆者は、かつて湯殿山行人碑の年号から、民衆から崇拝されたのは宗教活動を実践した行人であって、死後に祀られた即身仏とはいいがたいことを論じた。(注1)山澤学の一連の論文は、まさに宗教者としての鉄門海の活動を古文書史料から解き明かしたものであり、画期的な研究業績として高く評価される。(注2)その業績を十分に映像化できなかったことは、視聴者に媚びる番組に腐心するＮＨＫの製作スタッフの問題であるとしか言いようがない。

ところで、世紀末に放送されたセの番組は衝撃的な内容であった。残念ながら、筆者は今に至るまで未見のままであるが、出羽三山信仰が信者の高齢化などにともない、衰退傾向にあるという指摘を含んだものである（さくらんぼＴＶのサイトによる）。

この番組は当時、地元の関係者から不評だったとされるが、その後に制作されたタの番組は参詣者の減少を受けての地元である旧羽黒町の若者たちの取り組みを映像化した内容となっている。二〇〇三年八月末の羽黒山八朔祭にあわせた伝統芸能のイベント実施を紹介するものであり、例年の三倍の参詣者を集めたという。

ただし、その後も参詣者は漸減傾向を続けたため、二〇一四年六月から九月まで山形県とＪＲ東日本が主体となって、山形デスティネーション・キャンペーンが実施された。羽黒山山頂でも、蜂子皇子《はちこのおうじ》の尊像を初公開したことなどもあって、例年を大きく上回る参詣者を集めたが、如何に効果を継続させることができるかが課題であろう。

オは、羽黒山の山頂にある斎館で再現された「大笈酒」と称される神事のご馳走を記録した映像であり、あまりに費用と手間がかかりすぎることから、この後は再現されていないために、貴重な映像記録となっている。

出羽三山を描いた映像は、大部分が庄内側で取材したものであるが、トは内陸側の西村山郡西川町を中心に取材した記録であり、郡境の装束場に存在した山小屋の写真については、『出羽三山絵日記』の著者である渡辺幸任の膨大なコレクションの一端が紹介されている。この番組を含めて、ネとノもＹＴＳ（山形テレビ）の制作であり、地元民放の継続的な取材姿勢は高く評価されよう。

五　おわりに

以上、出羽三山信仰に関わる映像記録のとりまとめを試みた。ただし、ドキュメンタリー映像といえども、恣意的な側面がないわけではない。たとえば、イで描かれた手向《とうげ》地区の春山代参で高山植物を持ち帰る場面は、戸川安章氏らの記録を整理した渡部幸によれば、一九六五年前後に自然保護上の理由から禁止されていたとされ、この慣習が維持されていた最後の時期の映像か、さもなければ過去再現的映像を演出したものとみられる。（注3）いずれにせよ、今は失われた民俗行事の貴重な映像記録であることは疑いない。

なお、筆者が未見および未知の映像も数多く存在すると思われるので、ご教示をいただければ幸いである。

第二節　霊山と地域おこし——羽黒山と戸隠山を事例として

一　はじめに

地域おこしを目的とする様々な法制化が行われつつある。その中でも、時間と経費をかけた法律として国土交通省・農林水産省・文化庁が共同所管する「地域における歴史的風致の維持及び向上に関する法律」（通称：歴史まちづくり法）が二〇〇八年に施行された。

本報告で事例として取り上げる長野市戸隠地区および鶴岡市羽黒地区は、いずれも歴史まちづくり法による歴史的風致維持向上計画に認定された地区であり、十年計画で既に五年以上の期間が過ぎている。

報告者は、二〇一五年夏に、十年ごとの定点観測的調査を実施してきた戸隠地区で、観光客に対するアンケート調査を実施した。そして、同様の項目を設定した観光客アンケート調査を、二〇一六年春と秋に羽黒地区においても実施した。本節では、それらのアンケート集計結果を比較しながら、両地区におけるまちづくり・地域おこしの共通点と差異について、検討することが目的となる。

二　両地区の観光客数の推移

まず、この二十年間ほどの両地区の観光客数の推移を長野県統計書および山形県統計年鑑の統計データから比較したい（**図3・1**）。戸隠山は一九九五年以降のデータとなっているが、両地区とも、いわゆるバブル崩壊後に大きく観光客数を減らしていることが共通点となっている。ただ、二十一世紀に入ってからの動向はかなり異

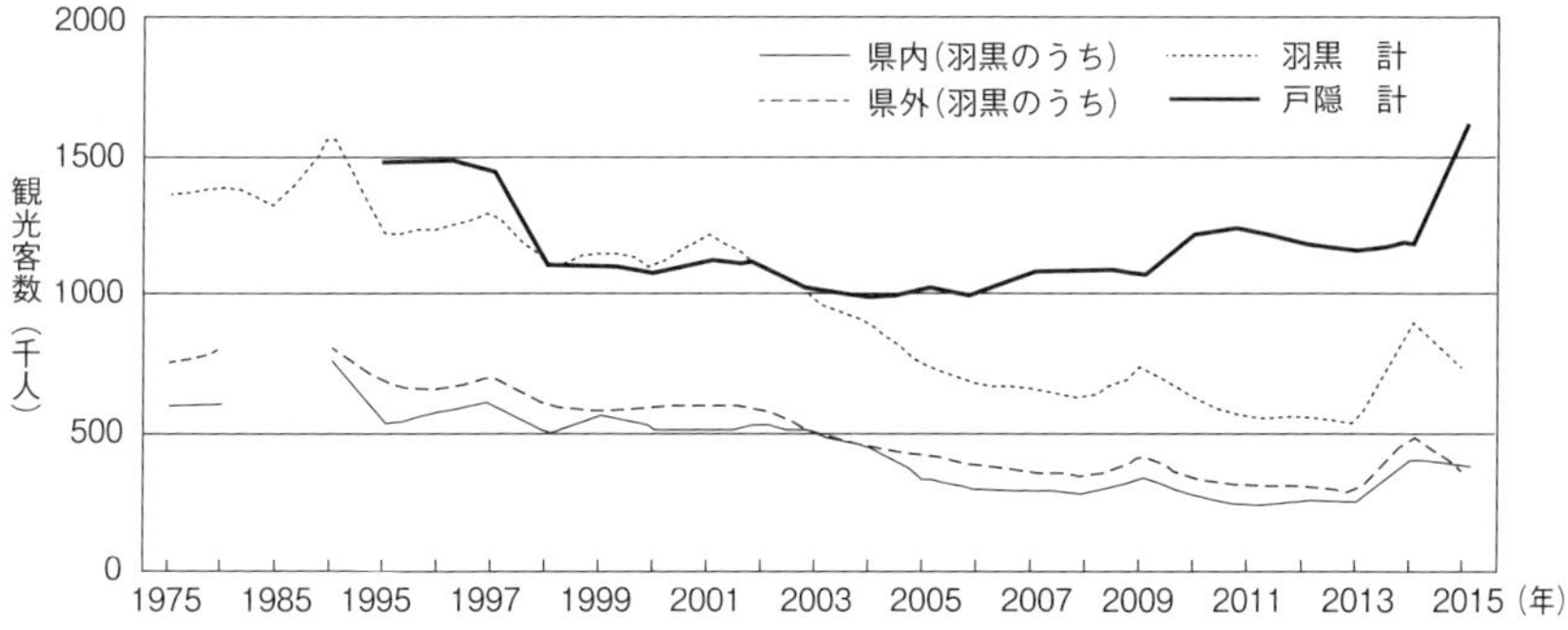

図3・1　戸隠山と羽黒山における観光客数の変遷

なっており、戸隠山ではほぼ横ばいで、二〇一〇年以降は増加傾向に転じていることが読み取れる。

一方の羽黒山は、二十一世紀に入って漸減が続いてきたが、二〇一四年には大きく回復したことが読み取れる。とりわけ、二〇一一年以降は東日本大震災の影響下、東北地方を訪問する観光客数は低迷してきたのであったが、ようやく回復基調にさしかかったとみられる。

戸隠山で、二〇一〇年以降に観光客数が増加に転じたのは、二〇一〇年秋にＪＲ東日本が放送したテレビ・コマーシャルの影響であり、女優の吉永小百合さんが戸隠奥社参道を散策するＣＭを見た観光客が戸隠へ押し寄せた、いわゆる吉永小百合効果であった。

それに対して、二〇一四年に羽黒山で観光客数が増加に転じたのは、この年にＪＲ東日本が中心となって展開したデスティネーション・キャンペーンの、いわゆるＤＣ効果である。羽黒山山頂では、開山者と伝えられる蜂子皇子の像が初めて御開扉され、多くの参詣者を集めたのであった。

いずれの霊山も、かつては広い信仰圏を有し、圏内の農民による篤い信仰を集めていた。それが、少子高齢化や兼業農家の増加・農業人口の減少などの理由から、宿坊の組織する講の信者が漸減傾向にある中で、参詣者も減りつつある。

それを補ったのが、近年の中高年登山や山ガール・ブームであり、宗教的現象として、二〇〇五年頃から盛んになり始めた、いわゆるパワースポット・ブームであるといえよう。それによって、戸隠では、この頃から観光客の減少に歯止めがかかったといえよう。

また、最新のデータでは、二〇一五年春の善光寺御開帳の効果が、北陸新幹線開業と相まって、観光客が急増した。この善光寺御開帳は七年に一度の宗教行事であるが、二〇一五年以前の御開帳は、戸隠観光に大きな影響を与えたとは、統計からうかがえないために、複合的理由が想定されよう。

それに対して、羽黒山においては、観光キャンペーンの翌年、二〇一五年は観光客数が大きく落ち込む結果となっており、キャンペーンの効果を維持することができていない。

以上のように、両地区の観光客数の推移は、かなり対照的な傾向にあることが指摘される。

三　両地区における観光客アンケートの比較

以下では、両地域でのアンケート調査結果を比較検討する。戸隠では有効回答数一〇二通、羽黒山では有効回答数六二通が得られた。まず、年齢別からみると、戸隠では三十~五十歳代が中心であるが、羽黒では五十歳以上が中心を占める。男女別では、戸隠は女性のほうが多く、羽黒は男性のほうが多い。講の信者は男性が主体であるため、羽黒は高齢の信者の来訪が多いものと想定されよう。

地域的には、戸隠は東京を含めた関東からの来客が多く、羽黒は関東よりも東北が上回る。羽黒は信仰圏内からの来訪が中心となっているものと想定される。旅行情報源は戸隠がネット中心に対し、羽黒はガイドブックが中心である。この傾向も、羽黒は高齢者が多いことと相関しているとみられる。

利用交通手段は、いずれも自家用車と貸切バスで七割を超えており、公共交通の利用者は限定的である。貸切バスの利用者は戸隠では少なかったが、羽黒では全体の四分の一ほどを占め、おそらくは講の信者の人びとの参詣であると思われる。

特筆すべきは、旅行動機で、選択肢のひとつにパワースポットという項目を設定してみた。戸隠は参詣よりもグルメとパワースポットの合計が上回るのに対し、羽黒はグルメ・パワースポットの回答がいずれもまったくみられなかった。

羽黒でのアンケートでは、昼食の場所を聞いてみたが、羽黒で昼食を食べたのは三割ほどにとどまっており、他の場所で食べた例が上回っている。一方、戸隠では同様の項目設定は行わなかったが、多くの場合、戸隠の蕎麦屋で昼食を食べているものと想定される。山岳信仰の霊場というのみにとどまらず、おいしい蕎麦どころとして戸隠が認知されているといえよう。

お土産についての項目では、戸隠の場合は蕎麦や名産の竹細工といった回答が多かったのに対して、羽黒では、お札やお守りといった信仰に関わるものが最多であったことも対照的であるといえよう。

宿泊に関しては、いずれも日帰りより宿泊をともなう旅行のほうが上回った。羽黒では、一泊よりも二泊の回答が多くみられたが、この結果は講の出羽三山参詣者の存在と関わるものであろう。いずれにしても、日本の場合は長期間の観光旅行は少数派であることが、このアンケートからも知られる。

さらに、羽黒では日本遺産認定の認知度、戸隠では吉永小百合CMおよび国立公園指定の認知度を問うたが、日本遺産は半数近くが認知していたのに対し、吉永CMは四割弱、国立公園は一割ほどの認知度しかなかった。

ただし、吉永小百合がJR東日本のCMに起用されたのは、二〇一〇年秋のことであり、しかも戸隠を訪問する観光客は、JR東日本のエリア外の中部・関西地方も一定の割合を占めることを考慮すれば、いまだに、その認知度は十分に高いものといえ、このCMの持続的影響力が知られる。

なお、国立公園に関する質問項目は、一九五六年に上信越高原国立公園に追加指定された妙高・戸隠地域が、二〇一五年春に新たな「妙高戸隠連山国立公園」として指定されたことを受けて、加えたものである。このアンケート結果は、国立公園の認知度の低さを象徴するものであり、より積極的な宣伝が必要とされよう。

以上のアンケート結果を、きわめて大雑把に解釈すれば、戸隠は宗教観光地から脱皮しつつあるのに対し、羽黒は依然として宗教観光地の枠を抜け出ていないことが明らかになったといえよう。

また、歴史まちづくり法にともなうプランニングが進む中で、戸隠では「国重要伝統的建造物群保存地区」(伝建地区と略称)への選定に向けた景観整備が着々と進行し、二〇一七年三月に選定されるに至った。その一方で、羽黒では住民を対象としたワークショップの開催や、宿坊集落である手向《とうげ》の中心に位置する黄金堂《こがねどう》の修復工事などが、歴史まちづくり法の予算を使って行われているが、戸隠のような目標設定はみられない。

手向集落においては、一九九〇年代に伝建地区選定を目指した町並み調査が行われたものの、茅葺き屋根の宿坊は減る一方で、もはや選定の可能性はほとんどなくなってしまったといえようか。むしろ、可能性のあるのは、二十一世紀に入って文化財保護法に加わった「国重要文化的景観」であろう。

この文化的景観は地理学的な枠組みをベースとしているが、当該地域の暮らしぶりや生活文化も含まれ、実は民俗学的要素を多分に含むものとなっている。山形県で初めて、この重要文化的景観に選定された大江町左沢の場合は、地理学的・民俗学的調査が事前に実施された。

東北各県においても、今後は重要文化的景観の選定を目指した取り組みに、地理学や民俗学が積極的に関わるべきであることを、本論文では提言しておきたい。

四　出羽三山の世界遺産登録運動と観光客数

今世紀に入る頃から、出羽三山を世界遺産に登録しようとする動きが出てきた。この世界遺産登録運動が、羽黒山の観光客数に、どのような影響を与えたかについて、本項では考察したい。

世界遺産登録の目的とするところは、ひとつは文化財の保護であり、もうひとつは世界中からの観光客誘致であるといえよう。周知のように、ユネスコが登録認定を行っている世界遺産は、文化遺産・自然遺産・複合遺産から成る。出羽三山は信仰の山であり、既に世界自然遺産に登録されている青森・秋田県境の白神山地のブナ林に劣らない豊かな自然環境も有することから、複合遺産になりそうなものだが、その基準は厳しく、日本における認定は非常に困難であるとされる。

山形県における世界遺産登録運動は、二〇〇四年に知事部局で「近未来やまがた・世界遺産育成プロジェクト」が始動し、シンポジウムも開かれた。二〇〇五年には、出羽三山を中心とした範囲が候補地に選定された。

二〇〇六年には文化庁から、世界遺産登録のための暫定リストへの公募制が導入されて以降、全国各地で世界遺産登録運動が積極的に取り組まれるに至った。山形県においても、「出羽三山と最上川が織りなす文化的景観――母なる山と母なる川がつくった自然と人間の共生風土――」を文化庁に提案したが、文化庁の審議で継続審査となり、二〇〇七年の再提案では、「最上川の文化的景観――舟運と水が育んだ農と祈り、豊饒な大地――」として、主軸を出羽三山から最上川に移した内容となった。

変更の理由として、出羽三山の文化的景観に価値がないということではなく、既に「紀伊山地の霊場と参詣道」が二〇〇四年に世界文化遺産に登録されており、その中には大峰山や吉野山・熊野三山などが含まれているため、山岳信仰に関しては重複することが問題視されたのであった。

さらに、当初は世界自然遺産としての登録運動を進めていた富士山が、山小屋周辺の美化問題や登山者のオーバーユース、山麓の自衛隊演習場などの立地といった諸問題から、世界文化遺産への登録に方向性を改めた経緯があり、その甲斐あって暫定リストに選ばれ、二〇一三年には「富士山――信仰の対象と芸術の源泉――」として、世界文化遺産に登録された。

そのために、出羽三山を軸とする提案では、これらの先行事例と競合することになり、リストアップされる可能性に乏しいことから、急遽、軸を最上川に移すことになったのであるが、「祈り」という字句が入っていることからも明らかなように、けっして出羽三山が除外されたわけではなかった。

さて、一連の世界遺産登録運動が推進された期間において、羽黒山の観光客数をみると、二〇〇四年から二〇〇八年までは漸減傾向にあり、しかも県内客のほうが減少傾向が著しいことが読みとれ（図3・1参照）、山形県当局の熱心な運動は県民には響かなかったともいえようか。

そして、皮肉なことに、県知事の交代によって、世界遺産登録運動が棚上げされた二〇〇九年に羽黒山の観光客数は増加に転じている。ただ、この年は湯殿山のご縁年である丑年であり、古来、参詣者が増加したものであった。すなわち、世界遺産登録運動よりも、旧来の丑年参詣のほうが深く浸透していたのであったといえよう。

五　羽黒山手向の町並み保存と観光客数

それ以前に、一九九〇年前後から、全国的に町並み保存運動が盛り上がり、各地で次々に伝建地区の選定が相次いだ。山形県においても、米沢市の城下町の町並みや、上山市楢下の宿場町の町並みと並んで、羽黒山麓の手向《とうげ》の門前町の町並みが、伝建地区の候補となって現地調査が実施され、その報告書も刊行された。

ただ、残念ながら、それにもかかわらず、保存運動の機運は盛り上がることなく、いずれも伝建地区の選定には至っていない。それもあって、当時はかなり残されていた茅葺きの家屋が年を追って減少の一途をたどっており、手向においては、いまや数軒の宿坊しか茅葺き屋根は残っていない。

その後、国土交通省などを主管とする「歴史まちづくり法」が二〇〇八年度から施行され、鶴岡市も二〇一三年に「歴史的風致維持向上計画」の認定都市となり、羽黒手向地区は三箇所の重点区域のひとつに設定されている。この計画に依拠して、黄金堂の保存修理事業が実施された。さらに、門前町歴史まちづくり活動支援事業や、宿坊街まち並み保全及び修景整備促進事業、宿坊街道路・空き地修景整備事業が、現在進行中となっている。この誘客効果については、日本遺産に触れた次項で扱いたい。

六　出羽三山の日本遺産認定と観光客数

日本遺産は、二〇一五年度からスタートした文化財活用政策であり、文化庁によれば、文化財や伝統文化を通じた地域の活性化を図るため、その歴史的経緯や、地域の風土に根ざした世代を超えて受け継がれている伝承、風習などを踏まえたストーリーの下に有形・無形の文化財をパッケージ化し、これらの活用を図ることをねらいとしている。

二〇二〇年の東京オリンピックを前に、文化財を通した観光振興を図る目的であるとされ、二〇一五年から、毎年二〇件ほどが認定されている。その補助金は文化財保護のためではなく、観光宣伝に多くが使われている。とりわけ、外国人を対象とした、いわゆるインバウンド観光の奨励のために、多言語のウェブ整備や観光パンフレット作成に経費が割かれている。

とりわけ、東北地方は東日本大震災、なかでも原発事故の放射能汚染の影響で、外国人観光客から敬遠されている傾向が強くみられる。これを克服するために、日本遺産のＰＲが活用されているというわけである。

主管の文化庁は、日本遺産は世界遺産とは別の枠組みであるとするが、前述のように山形県においては、かつて取り組まれた世界遺産推進運動の過程で、当初は出羽三山の世界遺産登録を目指したが、途中で中心軸を最上川に変更したといういきさつがあった。

ところが、今回の日本遺産認定では、山形県は初年度に最上川をテーマにした素案を申請したのだが、認定に至らなかった。それで、次年度は出羽三山をテーマにした素案を申請して、認定されたのであった。いわば、世界遺産登録時とは、まったく逆のパターンとなったわけで、もちろん世界遺産登録時のストックがあったからこそ、出羽三山の日本遺産認定が実現したとはいえ、「生まれかわり」の旅というキャッチフレーズがふさわしいものであるかは、以下で述べるように疑問符がつかざるをえない。

いまや、世界遺産の登録は、慎重に時間をかけて、一年に一件のみ申請されるにすぎない。ところが、日本遺産のほうは、いささか乱造のきらいがないとはいえない。この日本遺産認定を、出羽三山の観光に、どのように活用していくのか、各方面の多様な意見を聴取しながら、進めていくことが課題となろう。

ところで、出羽三山が日本遺産に認定された際のキャッチフレーズが「生まれかわりの旅」である。出羽三山参詣の旅に、「生まれかわり」という意識は果たして存在したのであろうか。信者の人々の三山参りの旅は、かつて夏の峰と呼ばれたが、そのご利益は豊作祈願と先祖祭祀にあった。もちろん、自らの極楽往生を願うことはあったとしても、それは「生まれかわり」かといえば、そうとはいいがたいのではなかろうか。

「生まれかわり」という意識の強かったのは、信者が参詣する夏の峰ではなく、むしろ修験者が参加する秋の峰の儀礼であった。いわゆる擬死再生儀礼と呼ばれる修験道の入門儀礼こそが、俗人から宗教者に生まれかわるための儀礼であった。

戸川安章『出羽三山と修験道』(岩田書院、二〇〇五年)によれば、羽黒修験には「三関三渡」という実践的な思想があり、夏の峰では羽黒山での修行は現世の果報を、月山での修行は来世成仏の証を、湯殿山での修行は即身成仏の果を得ることができるという。秋の峰では一の宿を胎内で過去生、二の宿を胎外で現世、三の宿を来世とし、大日如来と一体になるという。

実は、オイルショック以降あたりから、秋の峰の参加者が大きく変化してきている。かつては、手向の宿坊の跡継ぎや、里山伏の後継者が入峰するといった世襲的色彩が強かったのが、一般人が自己再生の目的で入峰するという動機が増加しつつある。修験道は心理療法であるセラピーの役割を持つとする見解もあり、元来の目的とは異なる動機での参加者が多くなっているといえよう。

その意味では、「生まれかわり」の旅という側面を確かに有するのではあるが、秋の峰の参加者は、神仏の双方を合わせても数百人にとどまり、それ以外の参詣者や観光客のほうが、圧倒的多数となる。観光宣伝といえども、出羽三山信仰の歴史を正しく踏まえたキャッチフレーズが用いられるべきであろう。

また、世襲の宗教者は、出羽三山信仰を布教する役割を果たしてきたのだが、自己再生の目的で参加する一般人が信仰の広がりに、どの程度、寄与しているかは心もとない。

いわば、峰入りの参加者が増加しても、信仰を支える底辺の拡大につながっているのかどうかは疑問の余地があろう。

ところで、二〇一四年の山形空港の名古屋便開設以来、「西の伊勢参り、東の奥参り」という観光PRが盛んに使われはじめた。このキャッチコピーが出羽三山の英文の観光案内にも用いられていることを、二〇一五年秋の山形国際ドキュメンタリー映画祭の外国人ゲスト対応時に知って、たいへん驚いたものであった。

このキャンペーンは、山形から名古屋方面へ出かける旅客に伊勢参りを、名古屋方面から山形へ出かける旅客に出羽三山参りに立ち寄ってもらいたい、という意図は理解できる。だが、問題は、このような表現が実際に存在したかどうかである。

出羽三山神社の公式サイトでも、関東方面では古くから、出羽三山に登拝することを「奥参り」と称して重要な〝人生儀礼〟の一つとして位置づけ、登拝した者は一般の人とは違う存在（神となることを約束された者）として崇められた。また、西に位置するお伊勢様を意識するように東に存在する出羽三山を詣でることを「東の奥参り」とも称した。つまり「伊勢参宮」は「陽」、出羽三山を拝することは「陰」と見立て〝対〟を成すものと信じられ、一生に一度は必ずそれらを成し遂げねばならない、という習慣が根強くあった、と記されている。

この「奥参り」についての説明そのものに何ら問題はないが、私見では、伊勢と出羽三山は対ではなく、中央の伊勢と最果ての三山を、中心と周辺として理解すべきである。対をなすのは、むしろ山形県内における山岳信仰の重層性であり、村山での蔵王と三山、置賜での飯豊山《いいでさん》と三山、庄内での鳥海山と三山が一対の信仰となっている。

さらに、戦前の千葉県の『長生郡郷土誌』（一九一三年）から引用すれば、「昔は青年として、必ず伊勢参宮を為さしめたり。今は奥州参詣の如く、盛ならざれども、猶往々団隊を組み、伊勢太神宮に参拝することあり、然れども出羽三山参詣者の如く、帰村後厳正なる行事を為す者甚少し」とあり、けっして伊勢参りと奥参りが同列に扱われてはいなかったことが明らかである。むしろ、千葉県においては出羽三山信仰が伊勢信仰よりも上位に位置づけられていることが重要といえよう。

以上のように、奥参りは伊勢参りと東西の対をなすものであるとは言いがたい。東北・関東地方からの伊勢参りは、西国巡礼とセットになっていることが多く、西国巡礼の札所寺院を巡れば、江戸時代は三都と称された京・大坂の町をおのずと経由することになる。伊勢参りの旅は、伊勢神宮参詣のみが目的ではなく、各地の名所旧跡を訪ねたり、三都の文化を味わうこともまた、大きな目的とされていた。これが辺境から中心への旅であった。

一方、関東からの奥参りの旅でも、日光や長野善光寺を往復の途上で訪れることが、しばしばみられたが、主目的は「みちのく」の霊山である出羽三山であり、こちらは中心から辺境への旅であった。

以上のように、観光ＰＲや布教目的に、現代の交通手段を活用することには、やぶさかではないが、かといって、歴史的事実に基づくことのないキャッチフレーズが一人歩きすることには、問題があろう。

最後に、日本遺産認定が、羽黒山の観光客数に、どのように貢献したのであろうか。実は前述の二〇一四年のＤＣ効果以降、観光客数は減少しており、二〇一六年春に日本遺産に認定されてからも、減少に歯止めはかかっていない。前述の観光客アンケートでは、半数近くが日本遺産認定を知ってはいるものの、それが必ずしも集客には結びついていないといえよう。

実は、日本遺産認定の予算で、多言語ウェブサイトや、英文の案内板が整備されたのは、二〇一七年に入ってからのことであり、これらが果たして観光客、とりわけ外国人の誘客につながるのかどうか、今後の動向に注目したい。

七　おわりに　出羽三山とジオパーク

世界遺産や日本遺産に比べると、ジオパークという言葉は、いささか聴きなれないかもしれない。ジオパークとは「ジオ（地球・大地）」と「パーク（公園）」を組み合わせた用語で、「大地の公園」を意味し、地球を学び、楽しむことができる場所を指す。大地（ジオ）の上に広がる生態系（エコ）の中で、私たち人（ヒト）は生活し、生業を営み、歴史をはぐくんでおり、これら「ジオ」、「エコ」、「ヒト」のつながりを知ることがジオパークのねらいとなっている。

ジオパークでは、見所となる場所を「ジオサイト」に指定して、多くの人が将来にわたって地域の魅力を知り、利用できるように保護を行う。その上で、これらのジオサイトを教育やジオツアーなどの観光活動に生かし、地域を元気にする活動や、地元住民に地域の素晴らしさを認識してもらう活動を行う。

二〇一七年九月時点で、日本ジオパーク委員会が認定した「日本ジオパーク」が四十三地域あり、そのうち、八地域がユネスコ世界ジオパークにも認定されている。ちなみに、世界ジオパークとは、ユネスコの定める基準に基づいて認定された高品質のジオパークで、二〇一五年にユネスコの正式プログラムとなった。

出羽三山は磐梯朝日国立公園に含まれており、豊かな自然環境を有している。そして、その景観および自然環境を活用して、「日本ジオパーク」さらには「ユネスコ世界ジオパーク」の認定を目指す運動が進められつつある。月山ジオパークは残念ながら、二〇一六年秋に認定を受けることはできなかったが、近い将来の認定を目指して再出発した。

月山を取り巻く自治体が連携して、新たな地域振興を図る「月山・新八方十口プロジェクト」が、二〇一二年に動き出している。月山ジオパーク推進協議会には、これらの市町村が加わっているのだが、なぜか前述の日本遺産認定を受けたのは、鶴岡市・庄内町・西川町の一市二町にとどまり、最上地方の戸沢村と大蔵村が抜け落ちている。

また、文化財活用ということから、日本遺産の所管は教育委員会となっているが、観光振興を目指すには、当然ながら、商工観光の窓口との連携が不可欠となる。この点において、自治体の縦割り行政を、いかに克服していくかが大きな課題であり、それなしには今後の展望は開けないといってよかろう。

従来から、グリーン・ツーリズムや、エコ・ツーリズムといった新しい多様なテーマの旅のスタイルが浸透しつつある。庄内平野の農村には、農家民宿や農家レストラン経営が増加しつつあり、観光客の受け皿となっている。エコ・ツーリズムについても、休暇村羽黒のそばにある環境省ビジターセンターや、西川町玄海にある山形県立自然博物園を拠点に進められており、自然保護団体として、一九七〇年に結成された出羽三山の自然を守る会もまた、こども自然保護教室などの地に足の着いた活動を続けている。

いわば、日本遺産とジオパークにとどまらず、グリーン・ツーリズムやエコ・ツーリズムもまた出羽三山の文化景観と自然環境の双方を目玉とするもので、今後の観光振興にとって、相互補完的に活用されるべきものといえよう。出羽三山を取り巻く自治体が、その内包する文化景観と自然環境を調和させながら、多様な観光振興プランを具体化できるかが、今後の重要な政策上の課題であることを指摘して、結びとしたい。

第三節　「三山登山案内」本道寺で創られた鳥瞰図

二〇一八年一月二十八日午後に山形市のビッグウイングにて開催された日本遺産シンポジウム「出羽三山一四〇〇年の歴史と未来を語る」にパネリストとして、お招きいただいた。その折に同席したのが山新観光(株)の佐藤真美取締役副営業本部長で、ご主人が本道寺の宿坊のご出身とのことで、最近、発見された鳥瞰図を拝見させていただいた。

一見して、これまであまり見たことのないタイプの絵地図であることから、画像を、ご提供いただくことをお願いしたところ、本道寺湯殿山神社の最上大元宮司のお許しをいただき、この絵地図の画像をいただくことができた。まず、ご提供いただいたことに衷心より謝意を表したい。

さて、この絵地図は鳥瞰図風に描かれたものであり、大正十四(一九二五)年に刊行されたものである(**図3・2**)。

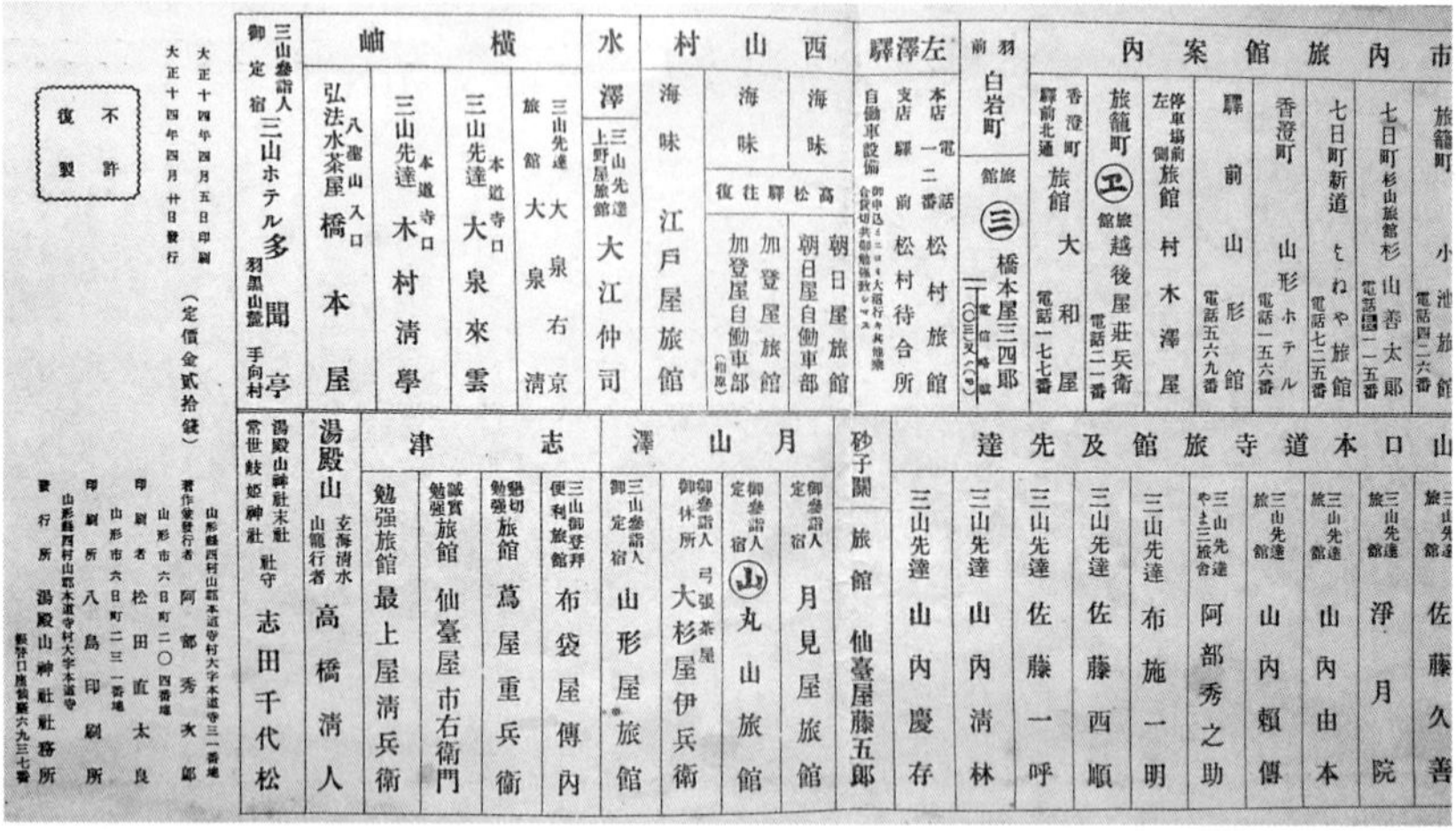

図3・2　「三山登山案内」その１（本道寺湯殿山神社所蔵）

当時、一世を風靡した鳥瞰図作家として吉田初三郎が著名である。二十世紀末に、彼の大規模な回顧展が開かれたことにより、再評価の動きが高まった。

折りしも、大正年間は、地方にも鉄道路線が次々に延伸され、旅行ブームが起こった時期でもあることから、全国各地の観光地で、観光宣伝のために盛んに鳥瞰図が生み出された。この「三山登山案内」もまた、その一環であるといえよう。

この絵地図の右端には、山形の市街地が長方形に大きく描きこまれている（後掲**図3・3**）。奥羽本線より東側には、北方に山寺の地名がみえ、立石寺の奥の院に至る境内と参道の表現がみられる。仙山線が山寺駅まで開通したのは、昭和八（一九三三）年であるため、まだ鉄道は描かれていない。南方には、蔵王温泉がみえるが、その表記は旧来の「高湯」と記されている。奥羽本線に沿って、北の天童と東根、南の上山と赤湯には温泉の記号がみられる。

一方、神町駅から谷地まで鉄道が描かれているが、これは大正五（一九一六）年に開通した谷地軌道であり、ナローゲージの軽便鉄道であった。永松鉱山の鉱石を運ぶ目的であったというが、昭和十（一九三五）年に全線廃止された。北山形駅から分岐

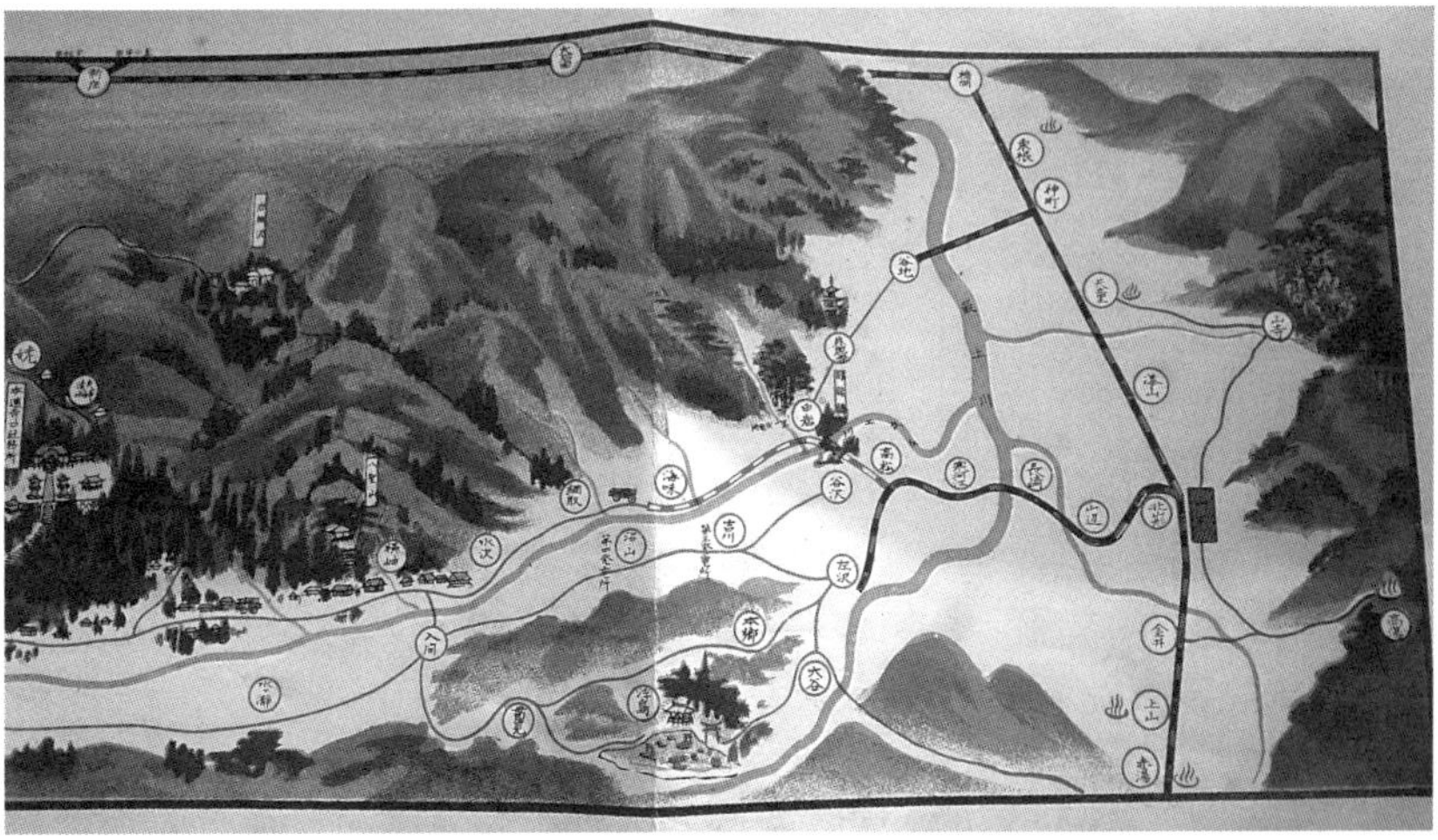

図3・3　「三山登山案内」その2

する左沢線も描かれており、こちらは大正十一（一九二二）年に左沢までの全線が開業している。

その左沢線に羽前高松駅で接続していたのが、三山電気鉄道（後の山形交通三山線）であるが、この鉄道が開業したのは大正十五（一九二六）年十二月であった。この絵地図は大正十四年四月の刊行であり、実は未だ三山電鉄が開通していない時期に先行して印刷されたことが知られる。いわば鉄道開通の前宣伝的な役割を有していたのかもしれない。

いずれにせよ、明治三十四（一九〇一）年に山形まで開通した奥羽本線に次いで、この時期に左沢線および三山電鉄が相次いで開業したことが、この絵地図製作の契機となったことは間違いなかろう。

そして、この絵地図では、三山電鉄の終点は間沢ではなく、海味になっている。間沢まで路線が延びたのは、昭和三（一九二八）年のことであり、大正末年の段階では、海味が終着駅であったのだ。

さらに、海味から乗合バスらしき乗り物が描かれているが、鉄道省編『全国乗合自動車総覧』（昭和九年）[注4]によれば、海味の和泉岩太郎氏なる人物が、昭和二年九月に海味から本道寺までの乗合自動車を開業していることが確認できる。当時は乗合自動車の新規路線が次々に開業した時期であり、この表現もまた、乗合自動車開業を前提とした前宣伝であったのだろう。なお、この路線は、昭和九年に三山電鉄へ譲渡されている。

また、赤湯の南から、おそらくは西置賜を北上して、朝日町大谷を経て、浮島大沼に出て、大江町貫見から西川町入間に抜ける道が描かれている。この浮島を経て、出羽三山に参詣する行程は、江戸時代の道中日記にも散見され、六十里越街道の脇街道として、しばしば利用されたのであるが、大正時代でも利用されていたであろうことが知られる。ただし、この行程は徒歩参詣時代のなごりであるといえ、鉄道や乗合自動車が普及してゆく過程で忘れられていく運命にあったといえようか。

この乗合自動車を利用した三山参詣の記録を見出した。それは、上山市出身の歌人として著名な斎藤茂吉であり、彼の昭和三年の三山参りにおいて、この乗合自動車を利用したことが知られる。

彼の日記によれば、「昭和三年七月二十八日午後九時三十宇分上野駅立ツ（中略）、羽前高松駅マデ二等急行券共十円三十五銭寝台四円五十銭。羽前高松午前九時半ソレヨリ乗合自動車ニテ海味ヲ経テ本導寺マデ一円二十銭（中略）十一時十五分前本堂寺着」(注5)と記され、その後は志津を経由して三山参詣を終えている。

それで、**図3・2**を見直してみると、海味の朝日屋旅館と加登屋旅館は、それぞれ自働（ママ）車部を有しており、高松駅往復と明記されていることから、左沢線の羽前高松駅までの送迎を行っていたことが知られる。また、左沢駅の松村旅館も、自働車設備を有し、「御申込ニヨリ大沼行キ其他乗合貸切共御勉強致シマス」との記載がみられることから、先に触れた脇街道にも、乗合自動車が進出していたことが知られる。

さて、**図3・4**では、右端の横岫から左端の田麦俣までが描かれている。横岫のすぐ上には八聖山が描かれており、明治の神仏分離で金山神社になったはずであるが、八聖山とのみ文字注記がなされている。一九九〇年代

図3・4　「三山登山案内」その3（口絵3参照）

前半の西川町史の調査で、故月光善弘村山民俗学会初代会長と、ごいっしょにおうかがいしたことが思い出される。

　そのはるか上方には、八方七口のひとつ岩根沢が描かれるが、本道寺に比べると、非常に簡略化した表現となっており、月山へと延びる清川通りと称される登山道にも、清川行人小屋がただひとつ描かれるのみとなっている。

　一方の本道寺は、宿坊の建ち並ぶ集落から、鳥居をくぐって石段が続いた上方に、堂々たる境内と社殿が描かれている。周知のように、本道寺の建物は戊辰戦争の戦火に巻き込まれて焼失したことは貴重な文化財の損失として惜しまれるのであるが、立派に再建された社殿が本道寺口社務所として本図には描かれている。

　さらに、本道寺の背後から月山山頂へ至る登山道に沿って、清水夫婦・姥・石船・高清水・柴燈バと記された小屋が点在する。この道は高清水通りと称されるが、往時はこれだけの数の休憩できる小屋が存在していたことが知られる。姥の地点には、今も石造物の姥像が祀られており、かつての女人禁制と関わったものかと思われる。この姥神については、村山民俗学会の会員である鹿間広治著『脱衣婆　山形のうば神』（二〇一三年）(注6)

に詳しく紹介されている。

なお、山内志朗の近著『湯殿山の哲学』（二〇一七年）(注7)において、かつて、横岫から本道寺へ越える峠の上に、うば様が祀られていたという。この場所から湯殿山の霊域が始まる、と山内は述べるが、この鳥瞰図製作の時点では、そのような認識は失われてしまったのかもしれない。ただし、同じく霊域への入口とされた白岩の臥龍橋は大きく象徴的に描かれてはいる。

ちなみに、同書によれば、山形県の国指定文化財の永享二（一四三〇）年の笈の背面に「羽州慈恩寺禅定院」と記され、三段目の蓋の裏面に「湯殿三社」と墨書されているという。真贋の評価は微妙かもしれないが、湯殿山の初出（ただし「湯殿山」ではなく、「湯殿」ではあるのだが）となろうか。「しめのきりはき」をめぐる江戸初期の訴訟に関する記述もまた、興味深いものであったが、両者とも、改めて、本道寺と慈恩寺との深い結びつきを再認識させられた。

ところで、先の斎藤茂吉も志津経由で登っているように、この高清水通りを登った参詣者は多くはなかったと推測されるが、この絵地図は本道寺で発行されたものゆえ、本道寺の背後から月山に直登する登山道が、ひときわ強調されて描かれたものと想定される。

また、柴燈場《さいとうば》の地名は、月山山頂から少し下ったところにも存在し、お盆の送り火が焚かれる場所として知られている。この送り火は庄内平野側に向けてのものであるが、高清水通りの柴燈バが内陸側へ向けての送り火を焚く地点であったとすれば、興味深いものがあろう。

そして、「萬年雪」と記された「大雪城」の雪渓を抜けると、月山山頂に到達する。山頂付近には、「カジゴヤ」（鍛冶小屋）と「月山小屋」（山頂小屋）が描かれ、中央の雲の上に「官幣月山神社」が描かれている。この雲の描写は、幕末の「三山一枚絵図」に描かれた雲と、なんとなく類似しているようで、神道的というよりも、神仏習合の世界を引きずっているようにも思われる。

ちなみに、後述する湯殿山は「湯殿山神社」、羽黒山は「三神社社務所」とのみ記されていて、官幣月山神社との格差は大きいものと思われる。既に拙著でも指摘したように、明治の神仏分離以降は、三山碑の中央に刻まれる山名が湯殿山から月山に変わるのであるが、この絵地図にみる表現も、それと同様であり、三山の中心が月山であることを強く印象づける効果を有しているといえようか。

図3・4の読解を続けよう。本道寺から六十里越街道を西へ進むと、今は寒河江ダムの湖底に沈んだ砂子関と月山沢《つきやまざわ》の集落が描かれ、南下すると大井沢、北上すると志津の集落へ至る。ここで興味深いのは、**図3・2**で、湯殿山玄海清水山籠行者の高橋清人なる人物の名前がみえることである。この当時は、まだ玄海で修行を重ねる行者（かつての一世行人の後裔であろうか）が存在していたことが知られる。

志津の先の玄海で峠を越えて田麦俣へ至る街道と、湯殿山へ至る参道とが分岐するが、玄海より上の参道に「馬止」という記載がみられ、この時期には、この地点まで馬が登ることが許されていたと解釈される。ただ、人ではなく、物資輸送のためであったかもしれない。

さらに、その先には「姥」と「浄土口」という記載がみえるが、注目すべきは江戸時代に志津から石跳沢《いしはねざわ》を登りつめた分水界の地点に存在した装束場の地名が消滅していることであろう。寛永・寛文の両造法論以降、装束場は天台宗と真言宗の両派の境界とされ、参詣衣装を着替えるための小屋が置かれていた。それが、明治初期の神仏分離にともない、出羽三山の祭祀権が三山神社に一元化されたことにより、この境界の存在意義も消滅したわけである。

ただし、湯殿山神社の右脇に「岳番」との記載がみられる。『おくのほそ道』で曾良が詠んだ「湯殿山銭踏む道の涙かな」からも知られるように、湯殿山の参詣者は参詣道に賽銭をまく習慣が存在した。それを盗みに来る盗

図3・5　「三山登山案内」その4

賊のことが、古文書に散見することから、装束場の小屋番は盗賊対策のためでもあったと思われる。明治以降も盗賊が出没したので、岳番が必要だったのであろうか。湯殿山神社は、ご神体の代わりに鏡が描かれ、その下には滝も描かれている。

庄内方面には、湯殿山から下ると、「仙人沢」、「笹小屋」の記載がみられ、田麦俣で参道と街道が再び合流する。一方、月山の中腹には「金姥」の記載がみられ、先述の「姥」に加えて、女人禁制と関わる地名かと憶測される。月山山頂から庄内側には、「毒池」、「御田原」、「今清水」、「平清水」、「狩篭」、「強清水」、「神子石」の地名がみえ、山小屋も描かれている。

さて、**図3・5**の読解に移ろう。月山の登山道には、「大満」、「海道坂」、「野口」の地名がみえ、山小屋も描かれている。野口から下ると、「三神社社務所」との記載がみえ、手向の集落に至る。六十里越街道は大網から十王峠を越えて、岩本へ下り、山添から鶴岡駅へ至る。羽黒山頂の三神合祭殿の左上には薄く「出羽神社」の文字がみえる。

手向からは、北上する狩川駅への道と鶴岡駅へ至る道が分岐している。この鳥瞰図には、新庄駅から余目駅までの陸羽西線および鶴岡駅から酒田方面へ延びる羽越本線が明記されているが、陸羽西線のほうが少し開通は早く、新庄から酒田まで全通したのは、大正十四年十二月のことであり、この絵地図が発行された大正十四年四月よりも後のことになる。

先に指摘したように、三山電鉄の開業前にもかかわらず、この絵地図に記されていることに加え、陸羽西線および羽越本線の開通前後に、この絵地図が発行されていることは興味深いものがあろう。

しかしながら、現実には近代交通体系が整備されるにしたがい、参詣者は通過型に変わり、かつてのように登拝口の宿坊に泊まる三山詣りの旅人は減少に向かった。山形市内の旅館が十軒余りも広告を出しているのは、その予兆でもあろうか。その意味で、近代化を歓迎する目的で発行された、この絵地図は皮肉な運命をたどったものといえるのかもしれない。

なお、赤井正二『旅行のモダニズム』（二〇一六年）[注8]によれば、大正モダンの時代に、伝統的な旅のスタイルが大きく変化し、新しい美と感動の発見・自己目的化と多様化・産業化とシステム化が進んだという。このような近代化の流れの中で、出羽三山参詣も変化を余儀なくされたといえよう。

注

（1）拙著『出羽三山信仰の歴史地理学的研究』名著出版、一九九二年。

（2）最新の論文として、山澤学「湯殿山木食行者鉄門海の活動形態――盛岡藩領を事例として――」歴史人類四三、二〇一五年、をあげておきたい。

（3）渡部幸「「春山の行」と修験道との関わりについての一考察」庄内民俗三四、二〇〇八年。

（4）鉄道省編『全国乗合自動車総覧』昭和九年（国立国会図書館デジタルコレクションで閲覧）。

（5）『斎藤茂吉全集』二七、岩波書店、一九七四年。

(6)鹿間広治『脱衣婆――山形のうば神――』東北出版企画、二〇一三年。
(7)山内志朗『湯殿山の哲学――修験と花と存在――』ぷねうま舎、二〇一七年。
(8)赤井正二『旅行のモダニズム――大正昭和前期の社会文化変動――』、ナカニシヤ出版、二〇一六年。

参考文献

戸川安章『出羽三山と修験道』岩田書院、二〇〇五年。

拙稿「長野県戸隠高原の三十年～信仰と観光のはざまで～」山形民俗二〇号、二〇〇六年。

三木一彦「房総半島における出羽三山信仰の浸透とその要因――長生地域の民俗事例による一考察――」歴史地理学二七九号、二〇一六年。

拙著『出羽三山――山岳信仰の歴史を歩く――』岩波新書、二〇一七年。


［付記］本章第二節は、二〇一五年度東北地理学会秋季学術大会、二〇一六年度東北地理学会春季学術大会、および二〇一六年度東北地方民俗学合同研究会における研究発表の内容を加筆修正したものである。なお、羽黒山におけるアンケート調査において、二〇一六年度山形大学「地（知）の拠点整備事業（大学ＣＯＣ事業）」による地域志向教育研究経費の一部を使用したことを明記して感謝したい。

コラム3 戸川安章先生と博士論文

初めて羽黒山へ詣でたのは、大学院浪人中で、弘前大学で開かれた日本地理学会秋季大会に参加した帰途であったと思う。帰りに鶴岡の阿部久書店で戸川安章先生のご著書を二冊ほど購入したのが、先生の出羽三山信仰研究との出会いとなった。

それで、修士論文の調査中に、ご自宅へおうかがいすることをお願いした。先生のお宅は農学部キャンパスのすぐ近くであったが、雪囲いで表札が見づらく、ようやくお宅を見出した記憶が残る。

その時に先生から、多くのことを教えていただいたが、非常勤講師の高取正男先生の講義を受講していることをお話ししたところ、鶴岡のモリの山にご案内したことがあった、と懐かしそうに話された。高取先生は修士論文提出直前に急逝された。

在学中に受講した唯一の民俗学に関わる講義(国史学研究ではあったが)が高取先生のものであった。旧暦の話題などは、いまだに記憶している。当時は通年の講義であり、年度末にレポートとして提出しようと考えていたのが、即身仏に関する内容であったのだが、高取先生に目を通していただくことはかなわなかった。

山形大学に赴任する途中で、名古屋で開かれた日本民俗学会年会に参加して、その会場でお会いした当時は山形県立博物館長だった大友義助先生に出羽三山の論文の抜刷をさしあげたが、大友先生も二〇一八年に逝去された。

赴任してまもなく、『地理学評論』に続いて、修論の一部が掲載された『史林』が刊行されたので、戸川先生のお宅におうかがいして、抜刷をお渡しした。その頃から庄内民俗学会にお誘いいただき、年に数回ではあるが、市立図書館の会議室で開かれる月例会へ出向くようになった。

それからまもなく、庄内民俗学会の記念の会で、戸川先生から講演を依頼され、高取先生に提出するはずだった即身仏についての論題をお話しした。初めての講演体験であり、その次の講演依頼は何年も先のことであった。その後、当時、名著出版から発行されていた月刊誌『歴史手帖』に戸川先生の紹介で投稿させていただいた。

村山民俗学会および山形県民俗研究協議会の立ち上げは、戸川先生のご尽力なしには困難なものであった。村山民俗の設立総会では記念講演をお願いし、会誌の創刊号に要旨が掲載されている。

一九八六年に羽黒山で開催された山岳修験学会大会では、庄内民俗学会の会員を陣頭指揮され、三日間の日程を精力的に対応していただいたことは忘れがたい。その十数年後の修験学会羽黒山大会の折は、既に目と耳が衰えておられ、娘さんのお宅で静養されていた。戸川先生にお会いしたいという多くの会員からの依頼を、お断りするのは気が引けたが、やむをえなかった。

その少し前に、先生の著作集を出版すべく、岩田書院の岩田博社長が鶴岡に来訪された。先生は、もう一筆だけ加筆したいので、明日まで待ってほしいと語られたが、奥様と娘さんのすすめで、先生が席を立たれた間に、岩田社長に原稿を持ち帰っていただいた。先生は三巻で出版されることを望んでおられたようで、二巻本として刊行された際には、少し落胆しておられたと聴いた。『戸川安章著作集①出羽三山と修験道・②修験道と民俗宗教』は二〇〇五年度の日本山岳修験学会賞を受賞した。

ちょうど、その頃、修士論文以来、書き溜めた出羽三山に関する研究を一冊にまとめて京都大学に論文博士を申請した。水津一朗先生の最初の弟子であった石原潤先生が退職される年度であった。主査は金田章裕先生で、試問でご指摘いただいた箇所を修正して、岩田書院から出版していただいた。

戸川先生が亡くなられる数年前に、静養先にお見舞いに同行させていただいたことがあった。呼びかけると、先生は「懐かしい人だなあ」と小声で話された。先生が亡くなられた二〇〇六年十二月十二日は、韓国滞在中だった。葬儀に参列すべく、仙台空港から山形へ戻り、礼服を受け取って、鶴岡行きの高速バスに飛び乗った。タクシーを手配して十分間に合うはずが、庄内交通のタクシーがあろうことか道に迷い、葬儀が始まると同時にかろうじて到着した。それ以来ごぶさたしていたが、二〇一八年の春に先生の墓参におうかがいした。奥様が先に亡くなられており、先生直筆の文字が刻まれた墓前で、岩波新書『出羽三山』の刊行を報告してきた。梵字が刻まれたお墓であった。

戸川先生と筆者
（1979年2月　筆者撮影）

第四章　絵図にみる立山の宗教景観

立山芦峅寺布橋灌頂（2014年9月　筆者撮影）

一　立山信仰の概観

立山は、富山県中新川郡立山町に位置し、飛騨山脈（北アルプス）の北西に連なる立山連峰の主峰群を指す。雄《お》山《やま》・別山・浄土山を立山三山と称し、中世には出羽三山、白山、三峰山、木曽御嶽、戸隠山、伯耆大山、英彦山などと並んで修験道の霊山として栄えた。著名な霊山は、高峰というよりはむしろ、平野から眺望できる独立峰が多く、立山も北アルプスの一部ではあるが、その最北端に位置するため、富山平野から眺望できるし、高峰にもかかわらずアプローチが短いため、比較的登りやすい霊山であった。

『今昔物語集』には立山地獄に堕ちた娘の話が登場するなど、古代から霊山として有名で、荒れ川として知られる常願寺川をさかのぼると、その谷口に岩峅寺《いわくらじ》、渓谷をたどると芦峅寺《あしくらじ》のふたつの宗教集落が存在し、現在は雄山山頂に雄山神社の奥宮が、芦峅寺と岩峅寺に雄山神社の里宮が鎮座する。これらの宗教集落には、かつて数十軒の宿坊が存在し、立山に登るベースキャンプとしての役割を果たしていた。今なお、北アルプスの山小屋には、これらの集落の人々が経営するものが多く存在する。

二　立山曼荼羅の世界

本論においては、近世・近代に作成された立山絵図から、宗教景観と霊山登拝の諸相を探ることを目的とする。題材とする絵図は三種類に大別され、「立山曼荼羅」と称される立山信仰の世界観を描いた絵図、そして木版刷で作成された「立山登山案内図」、さらに近世後期に測量に基づいて作成された「立山之図」のそれぞれから、立山信仰を読み解くことを試みたい。

立山の信仰世界を描いた絵画は「立山曼荼羅」と呼ばれており、現存するものは五十点余りに及んでおり、しかもその内容がそれぞれ微妙に異なる面を有しているために、近年は山岳信仰をビジュアルな形で具現した資料として注目を集めている。(注1)この立山曼荼羅は、江戸時代に立山信仰を布教するために作成されたといわれ、芦峅寺と岩峅寺の人々が日本各地で布教した際に「絵解き」を行ったとされる。この絵解きの内容は、開山縁起・地獄と浄土・登山案内・芦峅寺布橋大灌頂から成り立っていた。以下では、それらを個々に説明していこう。

まず、立山の開山縁起は奈良時代に越中国司であった佐伯有若（もしくは　その子有頼）が逃げ出した白鷹を追いかけて立山山麓に至ると熊が出現し、その熊を山中の室堂の玉殿窟に追い詰めたところ、熊は阿弥陀如来の化身であり、その阿弥陀如来を麓に安置して祀ったのが立山信仰のはじまりであるというストーリーである。佐伯有若が熊に矢を射たり、玉殿窟で阿弥陀如来の前にひざまづく姿などの開山縁起の主要場面が立山曼荼羅の中に描き込まれている。

さて、立山曼荼羅を一目見た瞬間に圧倒されるのは、凄惨な立山地獄の描写であろう。立山登山バスの終点の室堂から下ると、亜硫酸ガスの噴煙が立ち込める地獄谷の風景が眼下に広がる。この有毒ガスは飛ぶ鳥をも落とすほどで、このガスにまかれた遭難者も少なくない。この草木一本生えない地獄谷の風景を、案内の山先達の説明を介して、かつての信仰登山者は地獄の世界と認識したのであろう。立山曼荼羅の画面の左上部には地獄で苦しむ亡者の群れや鬼の姿、閻魔大王、血の池などが所狭しと描かれ、頭上には地獄の針の山と認識されていた劔岳がそびえ立つ。この劔岳は、地獄のシンボルゆえ、かつては登山がタブーとされていたことを、山岳小説家の故新田次郎が、立山登山への近代アルピニズム導入と地形図作成の基準点となる三角点の設置をめぐるいきさつを題材とした名作『劔岳・点の記』に書き記している。(注2)

一方、立山曼荼羅の画面右上には、阿弥陀三尊や聖衆の来迎や天女の飛ぶ姿が描かれ、地獄の世界のすぐそばに極楽浄土の世界も存在することを示している。霊山登拝は十界（地獄・餓鬼・畜生・修羅・人・天・声聞・縁覚・菩薩・

仏)修行であるとされるが、立山曼荼羅には、地獄と浄土のみならず、これらの十界の姿が描き込まれており、飢えに苦しむ餓鬼や獣の化身となった畜生の姿、戦い続ける修羅の場面などをみることができる。今も、登山道が登り口の一合目から山頂の十合目まで区分されている例がよく見受けられるが、これも信仰登山の十界修行のなごりであるといわれる。

なお、この十界の世界を表現した絵画として、近世初期に作成されて熊野比丘尼が絵解きしたといわれる熊野観心十界図があるが、その描写内容を立山曼荼羅の地獄の場面に引き写した可能性が考えられる。

三　立山絵図にみる登山の変遷

立山曼荼羅に加えて、立山信仰の世界を描いた絵画がもうひとつ存在する。それは木版刷の絵図である。これらの絵図は近世から近代に至るまで数十種類が作成されたが、ここでは明治維新の神仏分離の前後の絵図を比較することによって、立山信仰がどのように変化したかを探ってみよう。

これらの絵図は、冬場の巡回の際にお札代わりとして持参されたり、夏山登拝に際しては案内図として活用され、さらには越中富山の薬売りとして著名な富山売薬業者のおみやげとしても使われたという。

まず、江戸時代後期のものと考えられる「越中国立山禅定並御縁起名所附図」を見ると、描写の内容は立山曼荼羅に類似しているが、その構図は横長の立山曼荼羅に対して縦長になっており、実際の山地地形の展開に近いものとなっている。

また、地獄谷の表現は火炎をいくつか描くにとどまっており、浄土山の左上には阿弥陀三尊の御来迎も描かれるものの、地獄と浄土の表現は立山曼荼羅に比べると大きく後退しており、山案内図としての面が強調されるスタイルとなっている。

なお、画面の左端には「尾州春日井郡西枇杷嶋東六軒町　施主鍛治屋六右衛門」と記されており、この絵図の版木を寄進した人物が愛知県出身であることが知られる。この付近は芦峅寺の宿坊が布教活動を重点的に行っていた地域であり、近年になって名古屋市内の旧家から複数の立山曼荼羅の所在が確認されている。

さて、次に明治十三(一八八〇)年の立山講社刊「立山案内図」と比較してみよう。この絵図では、神仏分離の結果として仏教色が画面から一掃された姿をうかがうことができる。たとえば、岩峅寺境内には前立社檀が、芦峅寺境内には大宮と祈願殿、山頂には雄山神社が描かれ、布橋などには「旧」の文字が付されている。

さらに、地獄谷は旧の字が付されるとともに「火吹谷」と改名され、同様に称名滝もまた「清浄ヶ滝」と改名されており、仏教的な地名がことごとく改変されている。もっとも、現在その多くは旧名に復している。これらの比較から、神仏分離が山岳信仰に与えた影響は非常に大きいものであったことが理解される。

ところで、この立山絵図に関して、小林義正による以下のような興味深い記述を引用しよう。(注3)

次に、手書の「立山禅定絵図」の概略を記すと、下方に岩峅、芦峅寺を描き、画面のほぼ中央に緑ヶ池(山伏池)と室道がある。付近に地獄、畜生ヶ原、八竜大王宮を、また上方に浄土、薬師岳、立山大権現、白山大権現、別山宮、続いて劒峯と立山山域一帯にわたる鳥瞰図を稚拙な筆致ながら、きわめて丹念に彩色が施してある。図の各所に説明的書入れも多く、とくに山頂付近には「御来光所」、「御本社左右より二十五ヶ国を見る」、「白山大権現」、「行者道」などという文字の書入れがあり、また遠望できる山々として、加賀白山、男体山、富士山、甲州身延、七面山、武蔵小仏、信州御嶽、戸隠、上州の山などを雲海に覗かせ、遙かに出羽の山々から佐渡方面まで示している。

当初、画面一ぱい余白なく塗りつぶすように描かれた本図を一見して、私はまずその作者に興味を惹かれた。が、間もなくその疑問は解けた。すなわち図の一部に「安政四丁己年八月十三、四、五、六、七、八日逗留中於赤鬼禅田四城郡阿□谷村利右衛門□□御心百連□□□在中六十二歳老翁行者之□陸奥国館ヶ岡住人矢内与右衛門知義是之霊場申者也」に書かれてあるのを発見したからである。ところどころ判読しにくい箇所もあるが、筆者の身分はおおかた知るに足る。

そして今一度本図を見直すと、文字の様子がたしかに俗人とは異るように思えた。浄土、立山、別山の間に八竜大王山と白山大権現を入れた筆の運び具合、それに劒峯の頂上近く地念塔と注釈した塔の書入れもある。が、私をいちばん喜ばせたのは劒峯の側面にある次の書入れであった。「行者矢内与右衛門安政三辰年七月十日登山地念塔□参詣ニ九月八日ヨリ十八日迄□ス奉登山□□」この一文から立山修験の矢内某が、少くとも前に記した安政四年の登山の前年に劒岳の一角で、地念塔が存在する場所まで登った事実が裏書される。当時、劒の山頂をきわめたか否かは別としても、明治四十年陸地測量部員柴崎芳太郎氏の登山以前における先蹤者の一人であることは間違いないと思う。

いささか長文の引用となったが、江戸時代後期に劒岳の一角まで登った記録が存在することの意義は大きいといえよう。

一方、湯口康雄によれば、近代に入ると「越中之國立山御本社幷立山新道之圖」と題する絵図が登場し、この絵図には明治初年に開発が試みられた「立山新道」が描かれているという。(注4) また、立山カルデラ砂防博物館の第五回企画展図録『立山登山案内図と立山カルデラ』には、「立山新道之図」(**口絵4**)に代表される十点を越える同様の構図の絵図が収録されている。

この立山新道は、長野県の大町から後立山連峰を越えて、黒部川の源流を渡って、立山へ至るルートであり、そのルートにほぼ沿って、戦後の高度成長期には立山黒部アルペンルートが観光開発された。立山新道は、明治初期に登山家として著名なウォルター・ウエストンやイギリス駐日公使であったアーネスト・サトウも利用して、記録を残している。

もともと、このルートは戦国時代に富山城主であった佐々成政の「さらさら越え」として知られ、ザラ峠越えと呼ばれていた。そのルートが近世に入って、加賀藩の政策で利用が禁じられたとされる。

ところで、日本の霊山においては、複数の登拝口が存在する例が多くみられ、筆者としては、なぜ立山には、岩峅芦峅のふたつの宿坊集落があるとはいえ、実質的には同じ登拝路を利用することになり、単一の登拝路しか存在しないのかを疑問に感じていた。

この疑問を解く糸口となったのが、立山新道の存在である。すなわち、このルートは古来、立山登拝のいわば裏口として使われてきたものではなかろうか。それが近代に入って、加賀藩が崩壊したために、再び陽の目を浴びることになったのかもしれない。

この問題については、既に福江充が、信濃国の信者たちが正徳元（一七一一）年に後立山を越えて立山に参詣した際の拘束事件について詳述しており、この事件を契機に芦峅寺が立山山中の権利を失うに至ったと指摘している(注5)。

戦後の高度成長期に、このルートは立山黒部アルペンルートとして長野県側と再びつながるのであるが、元来は信濃国側からも立山登拝の裏口が存在したことを積極的に評価すべきではなかろうか。

四　測量図としての「立山之図」

この絵図は、立山曼荼羅と立山登山案内図が方位や縮尺を優先することなく、立山信仰の主観的な世界を描いたものであるのに対して、測量に依拠して作成された客観的な絵図であることが特徴であり、現代の二万五千分の一地形図と比べても遜色の無いものとなっている（**口絵5**）。

近代的な測量に基づく地図としては、幕末に伊能忠敬が作成した日本全図が有名であるが、この時代には日本各地に伊能忠敬と同様の能力を有した測量家が存在しており、この「立山之図」は、石黒信由という越中国在住の測量家が作成した絵図の写本であるとされる。現在、石黒信由の測量関係資料などの遺品は「高樹文庫」として国の重要文化財に指定され、富山県の射水市新湊博物館に収蔵されている。

さて、この絵図は近代的な測量に基づきながらも、その表現様式は立山曼荼羅を継承しているところが明らかである。すなわち、山々は北の方向から俯瞰的に描写されており、しかも大日岳と天狗平までは緑色の彩色が施されているのに対して、それより奥の山々は茶色の彩色で描かれており、立山曼荼羅と共通する霊山としての表現がなされている。

絵図の最下端は、岩峅寺集落から始まり、「雄山神社」も描かれている。そこから、常願寺川をさかのぼる両岸に、いくつもの集落が描かれ、開山縁起に関わる地名しか表現しない立山曼荼羅や木版刷絵図とは対照的である。

そして、芦峅寺集落のはずれには「ウバ堂」が描かれている。集落の手前には対岸と結ぶ「フジハシ」が描かれており、山中への道は両岸に存在し、対岸の左岸を通る道は、湯川の上流に位置する「立山温泉」へと延びている。

一方、右岸の道は、常願寺川が二股に分かれてすぐの称名川にかかる藤橋を渡って、「美女杉」に至る登山道に入る。この急坂は、現在はケーブルカーで登山できるが、途中に「材木坂」と呼ばれる柱状節理の岩石がみられる急坂が存在する。この絵図では、それ以外に「小金坂」、「草生坂」の地名もみえる。

美女杉から、「子坂」、「カリヤス坂」と尾根筋をたどって登ると、谷を渡る手前に「茶屋」が描かれている。水の得やすい場所に茶屋が置かれたのであろう。さらに登ると、「不動堂」があり、「ハシゴ場」を過ぎると、「弥陀原野」に至る。この部分のみは山中で、いかにも高原が広がっている描写となっており、地形に忠実な表現であるといえよう。

この弥陀ヶ原で、右側から登ってきた道と合流するのだが、この道は上述の立山温泉から「松尾峠」を越えてくるものであり、近代登山では、しばしば利用された登山道であった。既に近世後期には、この登山道が存在したことが、この絵図から明らかになった。

さて、登山道は弥陀ヶ原から「鏡石」までふたつに別れて進むことになる。立山曼荼羅にも両方の道が描かれているのであるが、右手は「姥石」を経て、鏡石に至る道であり、左手は「獅子ヶ鼻」を経て鏡石に至るが、途中の谷を渡る手前に「大クサリ」、渡ったところに「クサリ」と記されている急斜面を昇り降りする難路となる。こちらの道は、おそらく修行に関わる道であったのだろうか。

鏡石の右手には「天狗平」、左手には称名川の対岸に「大日嶽」が描かれ、この地点までが緑色の彩色となり、それより上部は茶色の彩色に変わる。登山道は「室堂」へと至るが、玉殿窟は「岩屋」とのみ記されており、山上付近は宗教色の薄い表現となっている。

地獄谷も立山曼荼羅や木版刷絵図のような強調表現ではなく、「血の池」が赤く彩色されている程度にすぎない。「ミクリガ池」は青く彩色されている。「御本社」、「大汝」、「フジノ折立」の三山の直下に「立山」と、ひときわ大きい注記がみられる。「別山」に登る道には、「行者道」と記されており、この道も修行に使われた可能性があろうか。

一方、「劔嶽」は、立山曼荼羅と同じく、地獄の針の山を思わせる山容で描かれている。さらに、別山との間は雲霞で区切られていることから、登ってはいけない山であるという認識を作者は有していたのかもしれない。

五　立山信仰と女人結界

日本各地の霊山と比較すれば、立山の山岳信仰の特徴は、男性の山岳登拝のみならず、女人救済儀礼としての布橋灌頂《ぬのはしかんじょう》が秋の彼岸の中日に行われていたことであろう。この儀礼は明治の神仏分離以降は途絶えていたが、一九九六年、富山県で国民文化祭が開かれた折りに、百余年ぶりに復活が試みられた。その後は、三年おきに実施されてきている。

一口に女人禁制といっても、実は多様性が存在し、英彦山のように九州における地方修験の本山でありながら女人禁制が存在せず、山頂まで女性が登拝できた山もあれば、富士山のように幕末期は六十年に一度だけ女性の登拝を許した山もあった。

さらに注目されるのは、出羽三山のひとつである羽黒山で、山頂のご本社（現在は三神合祭殿と呼ばれている）には通年の参詣が可能であり、女性も参詣が認められていた（月山と湯殿山は夏山のみで女人禁制であった）。しかも、羽黒山の参道の入り口に当たる仁王門をくぐってすぐの祓川を渡る橋の手前に閻魔堂が、対岸には姥堂が存在したという構造は立山芦峅寺の布橋灌頂とまったく同様であり、国宝に指定されている五重塔のすぐ脇にあった血の池に血盆経を納める女人救済儀礼が存在したことが、近世の絵図や旅日記から知られる。（注6）この羽黒山における女人救済儀礼は、立山芦峅寺の布橋灌頂が伝播した可能性もあり、たいへん興味深い。

ところで、立山山中には、女人結界との関わりが想定される地名が点在する。今はアルペンルートのケーブルカー駅となっている美女平の美女杉や姥石などが、それに当たる。女人禁制を犯して、結界より先に進んだ女性が木や石に変わったとする伝承が存在する。

その一方で、天狗平のような妖怪が出没するとされる地名もみられる。立山曼荼羅にも天狗が描かれている例が散見するが、これらは女人結界地点より少し標高の高いところに存在している。

かつて、柳田國男は、妖怪を神仏が零落したもの、と定義づけたが、これらの出現する地点は人界と天界の中間に位置しており、妖怪は人と神仏の中間的ないし両義的存在であったのではなかろうか。神でもなく人でもない、そのあいまいさが恐れられたのかもしれない。植生の垂直遷移でいえば、森林帯と高山植物帯の境界、すなわち森林限界のあたりに、妖怪は出没する。女人結界とともに、人と神の境界を象徴するのが、妖怪の存在といえるのではなかろうか。

六　おわりに

三種類の絵図を比較することによって、立山信仰の世界を理解することが、より促進されよう。現実の立山登拝の空間は、岩峅寺から芦峅寺を経て、立山山頂まで延々と登山道をたどる道程であることが、立山之図を見れば明らかであるが、立山曼荼羅においては、その縦に細長い空間が横長に変換されて描かれており、立山山中に至る登山道は折り曲げて圧縮表現され、逆に立山山中の霊山の表現は大きく誇張された表現となっている。立山登山案内図は両者の中間的な形式と位置付けられよう。

以上で述べてきたような立山絵図の表現の構図には、立山信仰の主観的な世界観が示されており、それを読み解くことによって、立山信仰の全体像に迫ることが可能となるのである。本稿は、霊山を描いた絵図に関して、歴史地理学的視点から読み解けることについて述べた試論のひとつであることをお断りして結びに代えたい。

注

（1）福江充『立山曼荼羅の成立と縁起・登山案内図』岩田書院、二〇一八年。
（2）本書コラム4-1「『剱岳・点の記』の映画化」を参照。
（3）小林義正『続・山と書物』築地書館、一九六〇年。
（4）湯口康雄『黒部奥山史談』桂書房、一九九二年。
（5）福江充『近世立山信仰の展開――加賀藩芦峅寺衆徒の檀那場形成と配札――』岩田書院、二〇〇二年。
（6）拙著『出羽三山信仰の圏構造』岩田書院、二〇〇三年。

コラム
4-1
『剱岳・点の記』の映画化

山岳小説家として知られた新田次郎著『剱岳・点の記』が、映画化され、二〇〇九年六月に劇場公開された。この原作が刊行されたのは、一九七七年で、ちょうど筆者が山岳信仰に関心を持ち始めた頃であった。いつ読んだかは覚えていないが、一気にむさぼり読んで、最後まで読み通したように記憶している。

そして、映画化の情報に接した頃は、映画を通した地域活性化に関心を移しており、この作品の映画化が、きわめて困難であろうことを危惧した。その予感どおり、立山連峰での撮影中の落石事故によって、録音技師が重傷を負うというアクシデントが発生した。

この映画と同時に出版された『誰かが行かねば、道はできない』(木村大作・金沢誠著、キネマ旬報社)によれば、木村大作監督は、撮影前から「事故があったら、俺はやめる」と公言しており、実際に、事故直後にやめると発言したという。

しかし、スタッフや俳優の説得と、事故にあった録音技師が一命をとりとめたこともあって、撮影は続行されることになり、作品は完成に至った。

木村大作監督は、黒沢明監督のカメラマンとして映画デビューし、多くの名作の撮影を担当して、名カメラマンと呼ばれてきた。その初監督が、本作品であった。ロケハンで、たまたま北陸へ出かけた際に、ちょうど出版された文庫の新装本を持っていき、ホテルで読んだのが契機となったそうだ。

そして、著作権者の息子さんである藤原正彦氏から映画化の権利を得て、脚本づくりへと進み、実際に剱岳へ登ったりしながら、ロケハンを進め、東映が映画化に乗り出すことになって、キャスティングやスタッフ集めにとりかかったという。

実は、この作品は、順撮りと呼ばれる手法で、映画の進行の順序どおりに撮影が行われている。現在の映画界では、時間を要したりすることから、撮りやすい場面から撮影する手法が一般的になっている。

しかも、この作品では、原作の設定を忠実に反映するために、すべて山中での実写となっており、空撮はいっさい使われていない。こういったポリシーこそ、木村大作監督のこだわりであり、現在の日本映画界では空前絶後であるといえよう。

もちろん、劇場公開直後に映画館で鑑賞し、そのすばらしい映像美に大感動した。上述の監督の一貫した姿勢が、みごとに体現された作品に仕上がっていたのだった。その後、この作品は、その年の九月六日に、あいち国際女性映画祭で上映され、木村大作監督がゲストで来場された(写真参照)。

映画祭では、監督をゲストに招いて、上映後に質疑応答が行われることが多い。そこで、私は質問に立ち、立山信仰が古くから盛んであった愛知県の地で、この映画が上映されたことの意義を称え、芦峅寺の宿坊集落へ秋彼岸の時期に参詣者が来訪することはないと指摘した。

監督は、その質問に答えて、立山博物館から芦峅寺《あしくらじ》のことは、いろいろと教えていただいたのだが、そのことは知らなかった、と丁重に返答された。いま思えば、夏の時期には、ずっと立山の山上で撮影が継続されていたわけで、秋彼岸の頃になって、ようやく下山しての撮影が山麓で行われたのであった。そこまでは思い至らず、ずいぶん失礼な質問であったと反省している。よく監督に雷を落とされなかったものだが、それだけ監督も、この作品のできばえに自信があったのであろう。

映画祭公式カタログの
木村大作監督サイン

コラム 4-2 絵解き研究会と富山県［立山博物館］の開館

博士課程に進学してまもなく、京都の街なかの古本屋で見つけたのが、林雅彦先生著『日本の絵解き』(三弥井書店、一九八二年)であった。林先生は国文学の視点から、立山曼荼羅を見事に絵解く研究を確立されていた。

私自身、修士論文のフィールドとして、京都から遠くない白山か立山も対象に選ぼうと考慮したこともあったが、山岳信仰の対象として生きていないこともあり、あきらめていたのであった。しかし、林先生の著書を、むさぼり読んで、立山曼荼羅を絵図として、空間的に地理学の視点からアプローチできないかと考えはじめた。

それで、博士課程における研究課題は立山曼荼羅の地理学的調査研究となった。当時は鮮明なカラー図版を入手することすら困難であり、何度か富山へ足を運んで、所蔵先に依頼して、写真撮影を許可していただいた。当時は、立山の登山口である芦峅寺の雄山神社佐伯幸長宮司が、ご健在だった。立山信仰について、いろいろと教えていただいたのだが、絵解きをお願いしたところ、ひとりだけの前ではできないと断られたのは、いまだに残念である。修験学会立山大会の開催で、たいへんお世話をいただいたご子息の令麿宮司も先年、亡くなられた。

話は戻るが、山形大学赴任後に、林先生が主催しておられた絵解き研究会に入会させていただいた。初期の研究会は、たいへん活発な活動を展開しており、長野市の絵解きの現地探訪に出かけたことなどが思い出される。葛川絵図研究会との合同例会も開かせていただいたこともあった。三重県で発見された立山曼荼羅の報告を、会誌『絵解き研究』に投稿させてもいただいた。

それからまもなく、富山県が県立の立山博物館を芦峅寺に開館することが決まり、開館に向けた立山曼荼羅の調査研究を委嘱された。その当時は、教養部改組が急務となりつつある頃で、その対応に時間を割かれる中、富山に通った記憶がよみがえる。提出した報告書の内容は、開館記念展の図録に反映している。

絵解き研究会は、数年前に解散したが、私自身は一九九〇年代後半から韓国地域研究に目覚め、さらには韓国映画の魅力に圧倒されたことから、日韓の映画を通した地域活性化研究へと進んでいくことになった。いま思えば、映画は現代の絵解きであるといえ、けっして異分野の研究へ転じたわけではないと納得している。

二〇一七年の秋に、立山で開かれた日本宗教民俗学会と国際熊野学会の合同研究会で、久々に林先生と再会できた。布橋灌頂会の再現にあわせた会合であったが、その前の再現時に、ちょうど日本地理学会秋季大会が富山大学で開催され、学会を中座して見学に向かった。林先生もお見えとうかがったのだが、人ごみの中でお会いすることはできずじまいとなったのであった。

この折も、実は韓国滞在の計画を途中で切り上げて、東京から富山へ往復したのであった。講演のゲストが韓国留学を受け入れていただいた朴銓烈先生であり、朴先生へのご挨拶も立山行きの動機となった。

この立山行きの際に、久しぶりに大仙坊におうかがいした。ご夫婦で修験学会大会に、ご参加いただいたこともあった佐伯令麿雄山神社前宮司が逝去されていたことを知らずに、奥様にお詫びを申し上げ、あわせて拙著『出羽三山　山岳信仰の歴史を歩く』に、ご所蔵の立山曼荼羅の写真を掲載することのお許しをお願いした。

なお、絵解きを再現したＤＶＤとして『立山曼荼羅 ― 米原寛の絵解き ―』（方丈堂出版、二〇〇七年）および『白山曼荼羅 ― 加賀禅定道 ―』（方丈堂出版、二〇一〇年）が刊行されていることを付記しておきたい。

第五章　絵図にみる白山信仰

白山室堂からの山頂（1999 年 8 月　筆者撮影）

一　はじめに　白山信仰研究の進展

白山が二〇一七年に開山千三百年を迎え、一気に白山信仰研究が加速化してきた。単行本として、上杉喜寿『白山』、白山総合学術書編集委員会編『白山――自然と文化――』、『霊峰白山』などが刊行されてきたが、開山千三百年記念として、勝山市編『白山平泉寺――よみがえる宗教都市――』および季刊誌『自然人』五三号（特集白山開山一三〇〇年）が刊行された（注1）。

さて、白山は石川県・福井県・岐阜県の境界部に位置する火山であり、主峰の御前峰は標高二七〇二メートルである。御前峰（本地は十一面観音）・大汝峰（本地は阿弥陀如来）・別山（本地は聖観音）の三峰は白山三所権現と呼ばれた。山麓の登山口は加賀馬場・越前馬場・美濃馬場の三カ所がある。

加賀馬場からの禅定道は石川県白山市（旧吉野谷村）中宮から檜新宮を経て大汝峰に至る白山の北斜面を登り、越前馬場からの禅定道は福井県勝山市の平泉寺《へいせんじ》から石川県白山市白峰（旧白峰村）市之瀬を経て御前峰に至る南西斜面を登り、美濃馬場からの禅定道は岐阜県郡上市白鳥町（旧白鳥町）長滝寺から郡上市（旧福井県和泉村）石徹白の白山中居神社を経て別山に至る南斜面を登る。白山の開山は越前の泰澄によって養老元（七一七）年に開かれたとされる。白山神を祀る白山神社は全国に散在する。白山の山名は年中の積雪に由来するといわれるが、朝鮮半島の白頭山との関連も指摘されている。

二　白山を描いた木版刷絵図

白山を描いた近世絵図は、参詣曼荼羅や国絵図、そして測量図などの存在が確認されており、白山市教育委員会による報告書で、目録化されている（注2）。このうち、参詣曼荼羅については、黒田晃弘および小坂大の論考によっ

図5・1　「白山図」

て、既に検討がなされてきた[注3]。

また、かつて、『古地図研究』二七〇号に、木版刷の「白山図」が附録として添付された（図5・1）。本図は石徹白からの美濃禅定道に沿う白山の宗教景観を描いたものであるが、その解説では越前あるいは加賀禅定道から描いたものとされていたので、二七三号に訂正の拙文が掲載された[注4]。

この拙文は誤記を訂正することが目的であった短文のため、ここで少し詳しい解説を試みたい。刷りがよくないこともあって、文字が判読しづらいので、判読可能なものに限り、以下で紹介してみよう。

まず、絵図の最下部には、石徹白の白山中居神社に至る参詣道が描かれており、左下に「タンリウセン」と記された滝がみえる。その上流は石徹白村と中居神社の間を流れる宮川につながっている。右手には「社家村」との記載があり、石徹白の宗教集落が、その下に描かれている。村はずれの中居神社につながる参道には、大きな鳥居の表現がみえる。

宮川を渡ると、中宮の境内に入り、入口付近に三つの建物が描かれている。中央は「大己貴《おおなむち》社」と読めるが、両脇の文字は読みづらいけれども、「泰澄社（堂）」および「素戔嗚社」らしい。その右手には灯籠があり、「幣花殿」と記されている。灯籠の右には「白山媛大社」と記され、さらに右手の建物には「大宮殿」との注記がみられる。そこから、石段を登り、鳥居をくぐると「御本社」となり、三つの社殿が表現されている。

御本社から上へ登っていくと、小祠が描かれた「美女社」があり、その左手に「犬石」がみられる。このあたりが女人結界地点であったのだろうか。さらに、上部には「今清水」から「アマヤトリ石」を経て、泰澄伝説の残る「母子石」が描かれ、その右手には「大雲石」も描かれる。そこから、「一ノ峯」、「ニノ峯」（左手に「剱岩」があり、二本の剱が描かれている）、「三ノ峯」と、いくつものピークを越えながら稜線の尾根道をたどって、ようやく「別山」の「室宿」に至る。この室が美濃室であり、それぞれの禅定道が山頂の手前に宿泊できる小屋を有していた。

室宿の左下には「石持社」があり、上方には「加宝社」が描かれ、右手に「四海ナミ」の山肌を眺めながら、別山山頂の「御別山社」に到着する。ここから白山へと下るが、すぐに「天池室」があり、さらに下ると、「蛇塚」、「アブラサカ」、「チクショウ谷」へ至る。谷を渡ると、「龍ヶ馬場」と呼ばれる平坦地がみられる。

ここから、白山山頂にかけて、「サイノ川ラ」、その左手に「本室」（越前室）、「テンポウリン」、「天ノ原」などの注記がみられ、山頂の「御本社」に至る。そこから下ると、「寶蔵」、「六道社」、「千蛇池」、その上方に「ミドリヶイケ」、「劔ノ山」が描かれるが、別山までの表現に比べると、白山山頂周辺の記載は簡略化されている。このあたりに、石徹白からの美濃禅定道を描いた絵図の特徴が現われているものといえよう。

三　測量図としての「白山之図」

それに加えて、「白山之図」（**口絵6**）と称される絵図について、歴史地理学的観点からの検討を試みたい。この絵図は、二点の存在が確認され、ひとつは富山県射水市新湊博物館に寄託されている高樹文庫所蔵であり、もうひとつは富山県「立山博物館」に寄託されている。

この高樹文庫は、江戸時代後期の測量術と絵図作成などに関わる資料群であり、その中の石黒信由関係資料は国重要文化財に指定されている。この指定に際しては、木下良・船越昭生らの地理学者がサポートした。(注5) 伊能忠敬のような地図測量技術を有した地図製作者は地方にも存在していたのであった。

この「白山之図」は「立山之図」と一対になっており、北陸の霊山をともに描くことに意味があったと理解される。「立山之図」については、第四章で論じた。

このような霊山の測量図は、管見の限りでは、他の霊山には見当たらず、地元に地図製作者が存在していたこと、および加賀藩が白山および立山の山岳信仰に深い関心を有していたことによって、生み出されたものであろうか。

ところで、この高樹文庫「石黒信由関係資料」は、射水市新湊博物館のウェブサイトから、高精度デジタル画像を閲覧することが可能となっている。その中には、文政四（一八二一）年の「白山之図」および同年の「立山一帯略絵図」と題した下図が含まれている。上述の「白山之図」および「立山之図」の作成年代は不明であり、文政期以降とされるが、まず実測に基づいた下図が作成された後に、清図として、これら二点の絵図が作成されたものであろう。

さて、以下では、立山博物館寄託の「白山之図」の特徴について述べたい。白山を描いた絵図は、上述の参詣曼荼羅に加えて、立山と同じように版画の刷り物の登山案内図も数点の存在が知られている。これらの版画および参詣曼荼羅においては、美濃・越前・加賀のいずれかの禅定道に沿っての描写となっており、他の禅定道に関する情報を描き込むことはほとんどなかった。その製作目的は参詣者の勧誘であることから、あえて他の禅定道を描くことを避けたものと想定される。

ところが、「白山之図」においては、絵図の画面左下に「木滑新」村を描き、その脇を流れる手取川は、すぐ上流で尾添川が合流する。その川沿いに画面左端を上部へ中宮から尾添を経て、山頂へと延びる加賀禅定道が描かれている。

尾添から先の禅定道には、「小水□」、「□谷コリカキ場」の注記があり、その先は「水無八丁」と記され、水場に乏しい加賀禅定道が敬遠されたことがしのばれる。「檜神宮」の手前に、ようやく「ツホノ水」と記された青く彩色された水場が描かれる。右手に「二重瀧」、その上の左手には「千丈瀧」を眺めながら登ると、「西ノ河原」に至る。賽河原との記載を避けているのは、できるだけ仏教色を廃したものかと想定される。

そこから、さらに登ると、青色に描かれた「天池」があり、その脇に「室堂」の小屋が描かれる。小屋の周囲に水色で描かれているのは石組みであろうか。この室が加賀室に当たる。このすぐ上方までが緑に彩色され、植生のある表現となっており、それより上部は森林限界となって、茶色の表現に変わる。

その上方には、「龍馬場」の高原が描かれ、その部分のみは高山植物の生える薄緑に彩色されており、その入口に「四ツ塚」が描かれている。この四ツ塚は、いわば巨大なケルン状の石を積み上げた塚であり、どのようにして築かれたのか、その目的は何か、など謎の多い存在であるといえよう。

そこを越えると、「月輪渡」、「手水岩」を経て、「大汝」の山頂へと至る。山頂の少し下に、「白山」との、他より大きめの注記がみられる。山頂から下ると、奥に「剣ヶ嶽」、「寶蔵」、「緑池」を眺めながら、「千歳池」を過ぎて、「大御前」の山頂へ至る道と合流する。大御前の山頂は、大汝よりも低く描かれているが、実際には、大御前のほうが少しだけ標高が高く、さすがに当時の測量技術では、そこまで正確な標高を測ることは困難であったのかもしれない。

大御前から下ると、「室堂」の小屋が描かれており、これが越前室に当たる。そこから道は二つに分かれ、「弥陀原野」へ下るのが越前禅定道である。さらに下ると、森林限界の付近で、「ガキガノド」と記された岩が二つに割れたような場所を通過する。さらに下ると、「仙人岩屋」があり、雲霞で区切られた下部には、「剃刀岩屋」があり、その右手に「不動瀧」が描かれている。

さらに下ると、「六万俵山」を越えて、大木の下に小祠が描かれている「一ノ宮」に至る。そこから、「ハシゴ坂」を下りると、鳥居があり、川を渡ると、市ノ瀬集落に着く。鳥居の下から左手に進むと、青色に塗られた温泉と小屋が描かれており、当地は下山者にとって絶好の休憩場所となっていたことが知られる。

一方、絵図の左下端部から、手取川本流に沿って、右上へと道は延び、川沿いには村々が描かれ、「牛首」・「風嵐」を経て、画面の右端の「市ノ瀬」に至る。風嵐の先には、「風穴」が描かれているのが興味深い。

市ノ瀬からは、上述の越前禅定道とは別に、別山へ直接に登るチブリ尾根経由の登山道も描かれている。少し登った場所に、越前道の一ノ宮に相当する「弁才天」の小祠が大木の下に描かれている。この道沿いには、さほど注記はないが、雲霞の上に出ると、「布引ノ瀧」を左手に眺めながら、別山の山頂に至る。

別山から大御前へと向かう道も描かれ、「大屛風」、「小屛風」と記された懸崖を越えて登ると、弥陀原野の上方にある「西ノ河原」に至る。前述の加賀禅定道の西河原と同じく、岩石がゴロゴロしている姿が描き込まれている。さらに、別山山頂から右下へ降りた地点に「室堂」の注記がみられ、小屋らしき建物が描かれている。この室は美濃室であることから、美濃禅定道の一部も描かれていることになる。

以上のように、この「白山之図」は、複数の禅定道の情報を表現した絵図であることが明らかとなった。参詣曼荼羅や版画の登山案内図は、いわば特定の宗教者によって作成されたものであり、前述の石徹白からの美濃禅定道の木版刷絵図「白山図」にみられるごとく、その禅定道に関わる主観的宗教世界を表現したものである。それに対して、測量図である「白山之図」は、白山の禅定道に沿う景観を、いわば客観的に表現したものであり、特定の宗教観念に依拠してはいないものとみられる。白山の高山の部分は植生のない彩色が使われ、低山の森林植生の部分とは描き分けられていることからも、実景を描くことに徹したものと解釈されよう。

四　白山の禅定道と三禅定

次いで、白山禅定の登り降りに、いずれの禅定道が使われていたのかを、史料から検討したい。また、近年に研究が活性化してきた三禅定（白山・立山・富士山）において、各霊山において、どの登拝ルートが実際に使われたのかについても、史料から検討して、比較考察を試みることとする。

まず、金沢市の古川脩によって、復刻された史料群から、登拝ルートを検討したい。[注6] 文化十（一八一三）年の大聖寺藩士・小原益『白山紀行』は、越前禅定道を市ノ瀬から往復している。山頂付近でブロッケンらしき現象を目撃した記述もみえる。室堂では、同宿の客が美濃より七人、周防一人、阿波一人と明記されており、中国四国からの登拝者も存在したことは興味深い。

次いで、天保十二（一八四一）年の山崎弘泰『山分衣』は、飛騨の平瀬道を往復している。彼は飛騨高山の地役人で、公命により雷鳥を捕獲するために登ったが、懐中に入れて持ち帰った雛は皆死んでしまったという。幕末に既に飛騨道が使われていたことが知られる。

一方、嘉永三（一八五〇）年の金子盤蝸『白岳遊記』は、加賀禅定道を登って、市ノ瀬へ下山している。「壺ノ水より加賀室まで水無し」と記されており、登りに十二時間を要することに加えて、水場に乏しかったことも、加賀禅定道が敬遠される理由であったのかもしれない。

次に近代の記録へ移ると、明治二十一（一八八八）年の金沢生まれである今川以昌『白山遊記』は、市ノ瀬から越前禅定道を往復している。ただし、鶴来の白山比咩神社を行き帰りに経由するルートとなっており、明治以降は越前の平泉寺に代わり、加賀の白山比咩神社が白山の祭祀権を有することになったのを反映している。

明治二十三年の富山県生まれである小杉復堂『白山遊記』は、飛騨の平瀬から登り、尾添に降りている。明治二十九年の四高教授であった村上珍休『登白山記』は、市ノ瀬から往復しているが、行きは白山比咩神社を経ているものの、帰途は平泉寺の近くを通って、勝山へ出ている。

そして、明治三十二年の作者不明『白山行』は、大阪で発行された新聞連載の紀行文であるという。冒頭で、白山の登り口は、尾添よりの北路・市ノ瀬よりの南路・市ノ瀬より別山を経る別山路・平瀬よりの飛騨路・石徹白よりの石徹白路の五路があると記されており、別山路を登った数少ない記録となっている。もっとも、別山路は、先述の「白山之図」にも描かれていることから、近世に既に存在していたことは明らかである。

また、多くの紀行文に共通するのは、地獄めぐりの記述であり、立山との比較からも興味深い。雷鳥についての記述も、しばしばみられ、第二次大戦前後に白山の雷鳥は絶滅したとみられていたが、石川県白山自然保護センターによれば、二〇〇九年に雷鳥の生息が七十年ぶりに確認された。

ところで、白山山頂一帯は、江戸時代に境界争論が頻発したために天領となったが、牛首・風嵐村は明治以降、本保県（現在の福井県）から石川県に編入された。それ以降は、手取川沿いの道路が整備されて、市ノ瀬が石川県側の表登山口となり、尾添村中宮口からの加賀禅定道は、次第に衰退していった。白山の祭祀権も白山比咩神社へと移行したことによって、「加賀の白山」なる呼称が定着するに至った。

一方、三禅定の場合は、どのような登拝ルートをたどっているのであろうか。福江充の研究から、そのルートが確認できる行程を紹介したい。(注7)

まず、三禅定の最古の史料とされる延宝四年（一六七六）の尾張国盛田久左衛門「三禅定之通」は、金沢から鶴来を経て、尾添から加賀禅定道を登って、六道室に泊り、石徹白へ降りている。

次に、宝永（嘉永か）七（一七一〇または一八五四）年の尾張国「三禅定道中覚帳」は、勝山から牛首を経て、市ノ瀬から白山へ登り、同じ道を降りて、鶴来を経て、金沢へと向かっている。

享和元（一八〇一）年の尾張国三井伝左衛門「三禅定道中覚帳」は、石徹白から白山に登り、市ノ瀬へ降りて、牛首から鶴来を経て、金沢へと向かっている。同じく三井家に伝来する文化六（一八〇九）年の「道中みちやどのおぼえ」でも、享和元年のルートと同じ行程をたどっている。

また、文政十（一八二七）年の尾張国伊藤藤左衛門「三禅定道中記」は、金沢から鶴来を経て、牛首より市ノ瀬から白山に登り、石徹白へ下山している。天保十五（一八四四）年の三河国平松英棟「三の山ふみ」は、石徹白から白山に登り、市ノ瀬へ降りて、牛首から鶴来を経て、金沢へと向かっている。嘉永二（一八四九）年の三河国牧野栄助「山禅定道中記」は、同じく石徹白から白山へ登り、市ノ瀬へ下山して、鶴来へ向かっている。

上述の古川氏がまとめた史料群の多くは北陸からの登拝であるのに比し、三禅定は、尾張・三河国で盛んであったために、登りか下りのいずれかで、石徹白を経由する美濃禅定道が使われることが多くみられた。

福江充によれば、石徹白では、道者に水垢離をさせたりして、修行登山の意識が高いという。(注8)一方で、市ノ瀬は温泉もあることから中継・休息点の役割を有し、尾添では社人ではなく百姓が山案内をする状況であったという、三馬場の間の信仰登山に対する意識の違いがみてとれる。

以上のように、三禅定に関わる史料からも、加賀禅定道が次第に利用されなくなる経緯をうかがうことができる。

五　おわりに

白山の絵画史料に関して、参詣曼荼羅については、これまでしばしば言及されてきたが、意外と詳しい紹介をされることがなかった木版刷絵図「白山図」および測量図である「白山之図」について試論を述べてみた。

また、白山禅定道の利用の変遷について、近世および近代の旅の記録から追跡を試みた。コラムでも記したように、我々の葛川絵図研究会が調査を始めた時期に、ちょうど加賀禅定道が復原整備された。一度だけ下山路に使ったことがあったが、非常に長い山道であったと記憶している。

そのような事情から、現代では、加賀の白山と呼ばれながらも、実はかつての越前禅定道が登山のメインルートとなっている。それも、尾根道の観光新道と呼ばれる旧禅定道ではなく、砂防工事の進展につれて整備が進んだ沢沿いの砂防新道が主に使われるようになっている。登山バスは、市ノ瀬よりもずっと標高の高い地点が終点となり、市ノ瀬の果たす役割も変化しつつある。

一九七七年に開通した飛驒と結ぶ白山スーパー林道も、二〇一五年に「白山白川郷ホワイトロード」と愛称が変更され、石川県側と世界遺産の白川郷を結ぶ有料観光道路として活用されている。このような観光開発にともなう地域変化もまた、歴史地理学・文化地理学の研究対象であるといえよう。

注

(1)上杉喜寿『白山』福井県郷土誌出版研究会、一九八六年。白山総合学術書編集委員会編『白山――自然と文化――』北國新聞社、一九九二年。下出積與『白山の歴史――神と人とその時代――』北國新聞社、一九九九年。白山本宮神社史編纂委員会編『図説　白山信仰』白山比咩神社、二〇〇三年。北國新聞社編集局編『霊峰白山』北國新聞社、二〇〇四年。勝山市編『白山平泉寺――よみがえる宗教都市――』吉川弘文館、二〇一七年。『自然人』特集白山開山一三〇〇年、五三号、橋本確文堂、二〇一七年。
(2)白山市教育委員会編集・発行『白山山頂遺跡関連文献・絵図調査報告書』二〇〇九年。
(3)黒田晃弘「白山参詣曼荼羅と絵解き」絵解き研究九、一九九一年。黒田晃弘「国神神社本白山参詣曼荼羅図にみる宗教景観像」人文地理四四-六、一九九二年。小坂大「白山曼荼羅図からみた加賀禅定道」山岳修験四八、二〇一一年。
(4)拙稿「二七〇号添付図「白山図」の解説の誤りについて」古地図研究二七三、一九九二年。
(5)木下良「高樹文庫所蔵の地図――石黒氏四代の業績――」地理二七-一一、一九八二年。船越昭生「高樹文庫蔵断裂地球儀図について」史窓五二、一九九五年。
(6)『白山紀行　小原益・山分衣　山崎弘泰』発行年不明。『白山遊記　今川以昌』発行年不明。古川脩覆刻『白岳遊記　金子盤蝸稿』山路の会、一九九〇年。『白山遊記　小杉復堂　登白山記　村上珍休』発行年不明。古川脩編『明治十七年『白山調査記』　明治三十二年『白山行』』山路書房、一九九一年。
(7)福江充『立山信仰と三禅定――立山衆徒の檀那場と富士山・立山・白山――』岩田書院、二〇一七年。
(8)前掲注(7)参照。

コラム5 小山靖憲先生と白山登山

葛川絵図研究会と日本中世史の研究者が集まって、科研費を一年間のみであったが、得ることができて、全国各地で荘園絵図の現地調査を実施する機会に恵まれた。その研究成果は小山靖憲先生と佐藤和彦先生の編著『絵図にみる荘園の世界』（東京大学出版会、一九八七年）に結実した。その場で、多くの研究者の方々の知遇を得たが、葛川絵図研究会の現地調査に、よくご同行いただいたのが、当時は和歌山大学教授であった小山先生であった。

とりわけ、白山信仰の現地調査には、何度もご一緒したことが思い出される。たぶん、飛驒からの登山路や観光新道を登って、別山の近くの山小屋に泊った。室道小屋は夏山シーズンは非常に混雑していたが、南竜山荘は、さほど混んでおらず、快適な山小屋だった。

白山禅定道の現地調査は美濃からの石徹白道、加賀禅定道、そして越前禅定道の一部である観光新道、さらには飛驒からの新たに開かれた登山道も踏破したのではあるが、黒田晃弘氏が論文化した以外は、残念ながら研究成果が公表されていない。そのこともあって、本書に白山信仰に関する章を設けた次第である。

小山先生は、後に帝塚山大学に移られるが、「紀伊山地の霊場と参詣道」が世界文化遺産に登録されるに際して、重要な役割を果たされた。二〇〇四年の登録の数年前に刊行された小山先生の著書『熊野古道』（岩波新書、二〇〇〇年）を書評させていただいたことは大きな喜びであった。

登録に至るまでに、小山先生は田中智彦氏と連れ立って、よく熊野古道を歩かれていた。そのみやげ話を聞く度に、遠方ゆえ加わることのできないのを残念に思ったことだった。それほどお元気であった小山先生は病を得て、世界遺産登録が実現した翌年の二〇〇五年五月十四日に逝去された。

その同行者であった私と同い年の田中智彦氏も志

半ばで二〇〇二年に急逝されたことは誠に惜しまれる。田中氏の遺著である『聖地を巡る人と道』(岩田書院、二〇〇四年)もまた、書評を記させていただいた。我々の白山現地調査で、転法輪ノ窟へ行き着いたのは、彼だけであった。ガレ場を降りて到達するそうだが、下から直登したと話していた。なお、転法輪ノ窟については、上村俊邦『白山修験の行者道』(岩田書院、一九九九年)に詳述されている。

田中氏は神戸大学大学院で、歩く歴史を戸田芳実先生から学び、それを実践された。戸田芳実先生とは、葛川絵図研究会において、比叡山の共同調査を企画して実行に移しつつあったが、この試みもまた、本書第六章に収録した比叡山参詣の拙稿以外に成果は公表されることがなかった。刊行後に、戸田先生宛てに抜刷をお送りしたが、返信がなく、いぶかっていると、先生の訃報が届いた。感想をお聞きできなかったことは残念だった。なお、田中氏を偲ぶシンポジウムが没後に開催されたのであるが、その内容が刊行されないままになっていることも心残りである。

小山先生を偲ぶシンポジウムが和歌山で開催された折に、先述の荘園絵図の書物を共に編集された佐藤和彦先生が出席中に倒れられて急逝されたという。佐藤先生は京大へ内地研修にお越しになった際に、葛川研究会例会へ何度もご参加をいただいた。お二人の先達である研究者を失ったことは、我々研究会メンバーにとっても痛恨のことであった。

第六章　比叡山参詣と葛川参籠

山岳修験学会比叡山大会（1984年9月　筆者撮影）

第一節　近世の旅日記にみる比叡山参詣

一　はじめに

天台宗の聖地である比叡山に関する研究は、近年数多くの成果がみられ(注1)、また、日本山岳修験学会の第五回大会が一九八四年に比叡山で開催されたが、天台修験の霊山としての面からも調査研究が進められてきている(注2)。近年では、一九九四年に「古都京都の文化財」のひとつとして、世界文化遺産に登録されて以来、研究書に加えて、一般向けの書物も数多く刊行されている。

しかし、従来の研究のほとんどは天台宗の僧侶や修験者といった宗教者に関連するものであり、在俗の人々の比叡山参詣に焦点を置いた分析はみられない。天台宗の本山といえども、それを支えていくには全国に拡がる信徒の人々の信仰が不可欠であろう。

そこで、本節においては、在俗の庶民の比叡山参詣の実態を考察することを試みたい。史料としては、近世期に数多く作成された旅日記・道中日記類を用いる。ただし、かつて筆者が出羽三山参詣道中日記類の収集を行った際に付随して収集した史料を中心として、以下の分析を加えるため、東北・関東地方に所在する旅日記が、その対象となる。この史料上の制約に関わる問題点については、最後に言及したい。

二　比叡山の参詣路

比叡山の山麓から山頂へ至るには数多くのルートが存在するが、代表的な参詣路を**図6・1**に示した。

まず、琵琶湖畔の門前町である坂本から山頂へ至る参詣路は「本坂」と称される表参道であった。この中腹には「花摘み堂」と呼ばれる女人堂が存在した。「女人牛馬結界」の標石が置かれた女人禁制地点はもっと低い所にあったが、年に一度、花まつりの行われる四月八日だけは女性も、この「花摘み堂」まで登ることが許されたという(注3)。なお、坂本から山頂までのケーブルカーが一九二七年に開通しており、今日では徒歩で比叡山に登る参詣者は数少なくなっている。

一方、京都側からは、坂本の日吉大社と並んで比叡山の鎮守である修学院の赤山《せきざん》明神を経て山頂へ至る道が「雲母坂《きらら》」と呼ばれた裏参道であった。都からの勅使もこの道を通ったため、勅使路とも称される。

表参道と裏参道はともに、根本中堂のある東塔へと通じる参詣路であるが、京都側から釈迦堂のある西塔へ登る道として走出路《はせだし》が存在する。この道は八瀬長谷出から黒谷を経て西塔に至る。なお、八瀬遊園から山上までのケーブルカーが一九二五年に開通している。

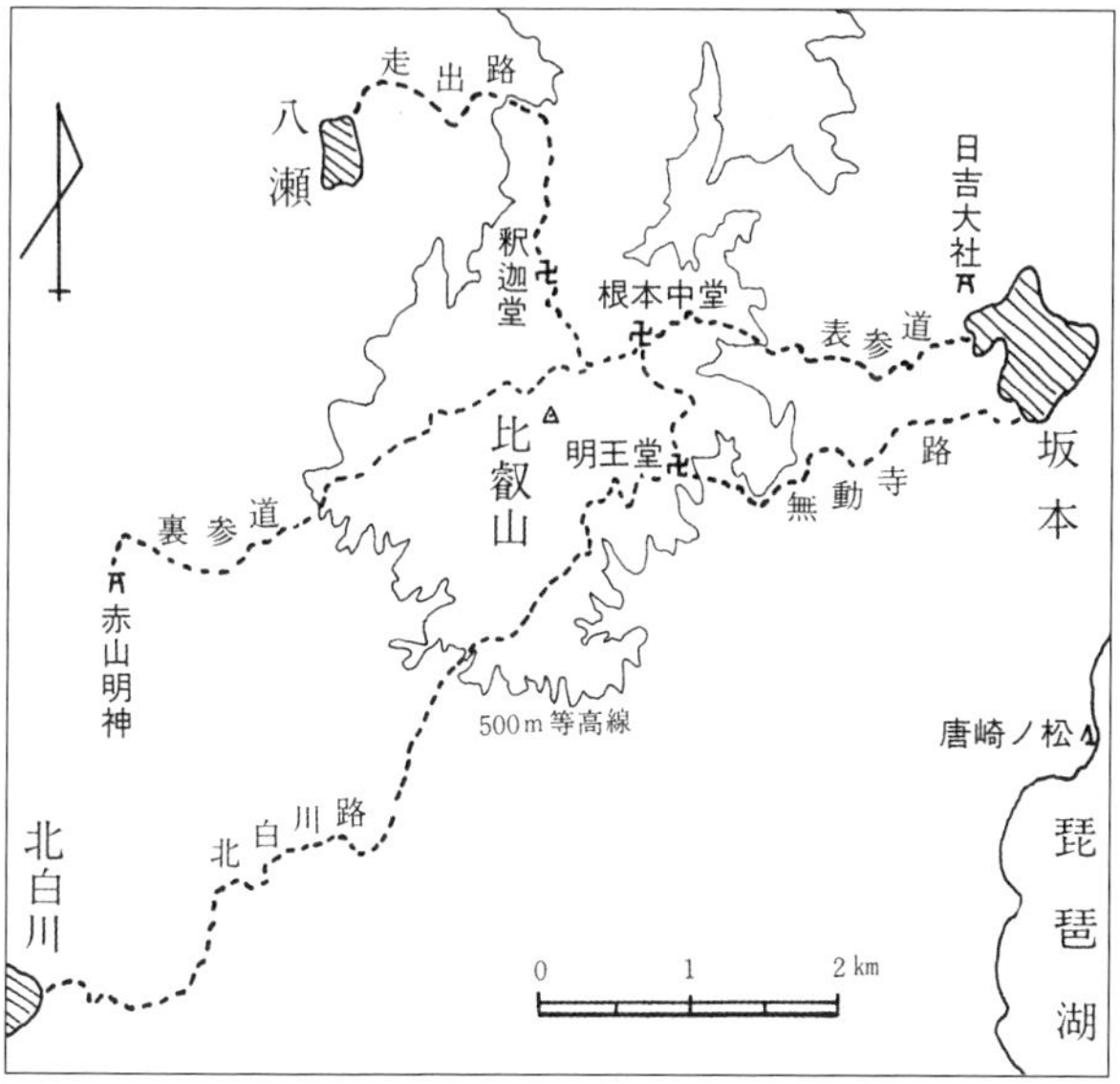

図6・1　比叡山の参詣路

さらに、明王堂のある無動寺谷を経て東塔に至る道も存在する。京都側からは、北白川から無動寺谷に至る北白川路、近江側からは、坂本から無動寺谷に至る無動寺路がある。ただし、これらの道は在俗の参詣者よりはむしろ、無動寺谷に院坊を構える天台修験の行者たちが、回峰行のために歩く道であった[注4]。

さて、これらの比叡山参詣路のうち、近世の参詣において、主として利用されたのはどの参詣路であったかを、以下で検討することとしたい。

三　旅日記にみる比叡山参詣の実態

近世中期以降、東北・関東地方から西国への遠距離参詣に出かける旅の記録がしばしばみられるようになる。それらは、形式としては、伊勢参宮あるいは西国巡礼と称してはいるが、実際は広く各地の有名社寺や霊山を巡歴する旅であった。

もちろん、比叡山は西国三十三所の観音霊場には含まれていないが、旅の途中で比叡山に参詣している事例が散見する。そこで、まず筆者の収集した旅日記における比叡山参詣の有無を、都県別（**表6・1**）、年代別（**表6・2**）に整理を試みた。

表6・1　都県別の比叡山参詣

都県名	比叡山に参詣	参詣せず
青森	0	1
秋田	3	2
岩手	0	3
山形	4	7
宮城	2	1
福島	2	1
新潟	0	2
群馬	2	2
栃木	3	1
茨城	0	3
埼玉	1	0
東京	6	0
千葉	2	3
神奈川	1	3
合計	26	29

全体的にみれば、ほぼ半数近くで比叡山参詣が行われていることになるが、**表6・1**によれば、かなり都県ごとにかたよりがみられる。サンプル数も限られているため、このかたよりが何に由来するかを解釈することは非常に困難ではあるが、あえて指摘すれば、東北よりも関

表6・2 年代別の比叡山参詣

年代別	比叡山に参詣	参詣せず
～1820	11	3
1821～1840	3	5
1841～1860	8	10
1861～	4	9
小計	26	27
年不明	0	2
合計	26	29

東地方で比叡山に参詣する事例が若干ながら多くなっている。遠距離からの参詣のほうが、日程の制約上、比叡山に参詣する余裕がなかったのかもしれない。

次に、**表6・2**では、二十年ごとに年代を区分して比叡山参詣の変遷をたどってみた。一八二〇年以前では、大部分の事例が比叡山に参詣しているが、幕末に近づくにつれて、比叡山に参詣する事例が減少する傾向にある。四国の金比羅や安芸の宮島などの西国へ足を伸ばしたために、省略されたのであろうか。

さて、比叡山参詣がどのような形で行われたかを、先述の参詣路の問題も含めて、いくつかの事例を紹介しながら、以下で検討を加えたい。なお、旅日記には誤字や当て字がしばしば散見するのだが、原則として史料の表記にしたがって、復刻などの際の明らかな誤読と思われる以外は、原文のままとし、修正はしていない。

［史料一 「旅日記」松橋八左ェ門 寛政三(一七九一)年 秋田県上小阿仁村(注5)］

六月六日 一、坂本より京入口迄八リ十二丁

此間山坂なん処 ひゐい山よりくらまへかけこし 間に御宮多し 名所あり

この記録では、比叡山参詣に関わる部分は、かなり簡略化されているが、旅日記は全般的に、むしろ詳細な記載のみられるもののほうが例外的である。ともかく、この史料からは坂本から表参道を経由して比叡山に参詣したことが知られる。

［史料二 「道中記」庄吉 寛政十一(一七九九)年 宮城県大郷町(注6)］

一 八せへ 百丁

此所泊り、木三十五文　米百文
　同廿七日
一　ひゑい山　　上下百丁
もと黒谷にそうりんとう有、名所多し。坂本三王権現様宮其通り。
此間しかからさきの一つ松有、三井寺西国札所。

この史料は、史料一とは逆のルートで比叡山に参詣している。鞍馬から八瀬へ出て、西塔へ至っていることから、走出路を利用したものと思われる。

[史料三　「伊勢　熊野　金ぴら　道中記」花塚兵吾　文政二(一八一九)年　栃木県湯津上村」(注7)

一　坂元へ　半道　此所三王ごんげん弐拾壱社有　ひ永山へ五拾丁なり
一　ひ永山へ登り五拾丁
御本堂は薬し如来也　堂廿四間二十八間くわいろふ打廻り五拾間也　少し登りテ大日堂十八間二拾弐間南向
　伝きょう大師御びう所有其外参り所多し　そうりんとふ御知行五千石寺数百五拾軒
かけ越くらまへ行也
一　屋せ村へ　五拾丁　此所泊り茶屋四軒有　此間坂有

この史料は、比叡山に関する情報が比較的詳しく記されているといえよう。ルートとしては、史料一と同じく、坂本から表参道を経由して山頂に至り、走出路を八瀬へ下りて鞍馬へ至っている。

[史料四　「西国道中記」角田藤左衛門　天保十二(一八四一)年　福島県石川町」(注8)

一　坂本へ、壱里半、次、東照大権現あり。やねあかがねぶき、三王大権現あり。ひゑいさん迄坂道わろし。坂中より竹生島、から崎壱つ松見ゆる。

さか本より

一　ひゑい山へ、六拾町、此所きんていのきもんを守。ひゑいさんゑんりやく寺中堂、御本尊は薬師如来。御朱印五千石、坊数多し。でんりやく大師の御廟所あり。そうりん堂有。此所茶屋壱軒有。泊り屋なし。此前より京都迄、三里、雪三尺程あり申候、近江、山城之国境也。京都くらまの追分あり。

ひゑい山より

一　くらまへ、三里、壱里程下り、やせと申処に泊屋三、四軒有。

この史料も坂本から八瀬へ抜ける行程をとっているが、興味深い記述がみられる。それは、比叡山山上には参詣者の宿泊する施設が存在しなかったという点である。確かに、どの旅日記をみても、比叡山山上で泊ったという事例はみあたらず、いずれも大津や京都、あるいは山麓の坂本や八瀬に宿泊しているのである。

多くの霊山では、参詣者を泊める宿坊の経営が収入源のひとつであったのに対し、俗人の宿泊を受け入れなかった比叡山は例外的な存在であったといえよう。これに関連した紀行文がみられるので、次に紹介したい。

［史料五　「大和巡日記」安田相郎　天保九（一八三八）年[注9]　高知県高知市］

是より叡山を志す処、茶店も無之よし。此処にて昼飯も早ければ、此処の茶店にて餅七つ竹皮に包。夫より叡山に来、東照宮参拝。夫より中堂アミタ参拝、講堂大日如来、甚大堂、誠にけつかふ至極也。淋しく人跡絶て甚霊々たり。大寺数々可有と存の外、小寺谷々に散渡、参詣人をまねかす世塵を放たり。何処も只参詣人のみを貰る習ひなれと、当山計は右の通にて茶店抔も無用にて、此処は却て余の参詣人をまねく方にまさりて、如何にも淋しく、却て尊き心地す。

安田相郎は土佐藩士であり、この旅は大坂での砲術修業が口実であったが、実際は貝原益軒の『和州巡覧記』を参考にしての旅の記録が、この一文である。ルートとしては、ここでも坂本から八瀬へ抜ける道をたどっている。

当時、大和の社寺は参詣者も多く、かなり俗化していたようで、それに比べて参詣者の少ない比叡山中の淋しい情景が巧みに描写されている。ここでは、宿泊施設どころか、昼食を提供する茶店すらなかったことが明記されており、どうも比叡山は在俗の参詣者を相手にする気がほとんどなかったかのごとくである。

［史料六　「伊勢道中日記」江戸屋金次郎他　文久二（一八六二）年　神奈川県茅ヶ崎市］(注10)

一、泊り　京　松吉

京松吉出立三条大橋打越し左ニ入、叡山江五十丁登り・釈迦堂参詣、此裏ノ方三丁山登り宗輪塔・法華堂・常行堂・伝教大師参詣、開檀堂・講堂・中堂本尊大日如来、夫より五拾丁下り坂本山王弐拾一社参詣

比叡山其御朱印五千石

廿九日　坂本宿

この史料は、京都から比叡山へ登った参詣の記録となっている。京の町からは裏参道と北白川道が比叡山へと延びており、この史料ではどちらの参詣路から登ったかは明記されていないが、山上で最初に西塔の釈迦堂に参詣していることから、やはり八瀬から走出路を登った可能性が強い。

四　比叡山参詣の行程

いくつかの比叡山参詣の記録を事例としてあげたが、これらに示された参詣の行程には興味深い特徴がみられる。

まず、いくつかの事例を分析した限りでは、表参道と走出路以外の参詣路を利用した記録は皆無である。もっとも、いずれの参詣路を利用したかが不明な、簡略な記述の旅日記も少なからず存在するのではあるが、ともか

く在俗の庶民の比叡山参詣路が表参道と走出路に限定されていたことは、ほぼ確実であろう。

次に指摘される特徴は、けっして同じ参詣路を往復していないということである。すなわち、先にあげた事例のすべてで、表参道を登った場合は走出路を下山し、その反対に走出路を登った場合は表参道を下山するという参詣の行程がとられている。

原則として、登山路と下山路を異にする霊山参詣の事例として、かつて出羽三山参詣について報告したが、(注11)比叡山参詣の場合も同様の結論に至ったわけであり、今後は複数の登山口を有する霊山の参詣行程において、一般化することが妥当であるのかを検証してみたい。

私見では、この霊山参詣行程の一般化はかなり該当性が高いと予測している。というのは、個々の霊山参詣の行程と、かつて拙稿で指摘した近世の社寺参詣の旅における循環的行程の存在(注12)とは、お互いに関連すると考えられるからである。すなわち、社寺参詣の旅の全行程が往復型ではなく循環型をとるならば、旅の途上での霊山参詣もまた、登山口が複数存在する場合は、同一経路を往復するよりも異なる経路をたどるほうが循環的行程が細部にまで貫徹することになるからである。

往復型の行程では、いったん通過した既知の空間を再び戻ることになるのだが、一方、循環的行程においては、常に未知の空間を行動するわけで、その際に聖なる体験を得るのであろうから、社寺参詣の旅は循環的行程をとったとみるのが筆者の仮説である。

五　名所図会・往来物にみる比叡山

近世に入り、庶民の旅が活発に行われるようになると、各地の名所を挿絵入りで解説した名所図会が盛んに出版されるようになった。(注13)なかでも、京都の洛中洛外の名所を紹介する名所図会は繰り返し出版された。

その中で、比叡山について比較的詳しく触れているのは、以下に引用する明暦四（一六五八）年刊行の『京童』の一文であろう。(注14)

　　ひえの山

むかしは日枝山とかけり。そののちえいりよに入りたる山なればとて、文字をあらためて叡山とかき比叡の山とかけるなり。また伝教大師の歌よりこのかたわがたつそまといふもこの山の事なり。末の代の句にもわがたつそまとあれば、名所と釈教にさだむるなり。ひえの山と句にしては、名所のかたばかりなり。釈教にはあらず。むかしの人この山の歌に、

『拾遺』恋四

我恋のあらはにみゆるものならば都のふしといはれなましを

　　ひえにのぼりてかへりまうできて読める

『古今』春

　山高み見つつ我こしさくらばな風は心にまかすべらなり　貫之

伝教大師は、近江国滋賀の郡の人なり。父の名は百枝といふ。子なき事をうれへて、叡岳の左麓の神祠にいのられけるに、つまくわいにんありて、神護景雲元年に男子をうめり。これ伝教大師なり。その庵は今の神宮院なり。またおのころ島といふは、日本の総名なりといへどもこの山の事なり。伊弉諾伊弉冊のみこと、あまのうきはしのうへにたたせたまひ、みほこにてあをうなばらをさぐりたまひ、そのほこさきよりしたたる塩凝てひとつのしまとなる。これをおのころじまといふ。この山の事なり。さてまた元三大師の絵像ありがたくみくじあり。また飯室には定家卿の墓あり。

　下からの色葉やすせもひえの山

この内容にしても、最澄の伝記や伝説的部分が多く、山上の諸堂舎については全く述べられていない。また、『京童跡追』（寛文七（一六六七）年）、『都名所図会』（安永九（一七八〇）年）では、部分的に比叡山についての記述がみられるが、『都林泉名勝図会』（寛政十一（一七九九）年）、『花洛名勝図会』（元治元（一八六四）年）には比叡山に関する記載はみられない。一方、『近江名所図会』（文化十一（一八一四）年）には坂本の山王社に関する詳しい記述はみられるものの、比叡山の山上については簡単に触れられるのみである。

さらに、各地の霊山では『日光図志』、『金毘羅山名勝図会』、『三山雅集』（出羽三山）、『筑波山名跡志』などの名所図会が刊行されたが、比叡山ではこのような動きはみられず、また、木版刷の案内図もあまり流通しなかったようである。

ところで、江戸時代には寺子屋の教本として、往来物と称される木版印刷物が大量に出版されたが、その内容は「往来物」という呼称にも示されるように、紀行・名所案内的題材が多くを占めていた。

この往来物でも、比叡山をとりあげている事例はほとんどなく、管見の限りでは、『諸国名山往来』（文政七（一八二四）年）に「同州比叡山者、桓武天皇之勅願、延暦七年之草創也。湖水之八景在二一望中一而、風粧被レ誉之景山也」（注15）という一文がみられるのみである。

このように、近世期の名所図会や往来物にも、比叡山が紹介される機会は、他の霊山に比べて少なかったといえよう。

六　おわりに

以上、近世の旅日記を中心に、また補助的史料として名所図会と往来物をも用いて、比叡山参詣について検討を試みたが、結論的にいえば、近世期の比叡山は天台僧の修行の山としての性格が濃厚で、庶民信仰の山としての色彩は他の霊山に比べれば強くはなかったといえよう。

このことは、高野と比較すれば、より顕著となる。本節でとりあげた旅日記の大部分は高野山に参詣しており、ほぼ半数しか参詣していない比叡山とは対照的である。真言宗の本山と庶民信仰の霊山としての性格を併存させていた高野山に対して、比叡山においては横川の元三大師を除いては庶民信仰が盛んであったとはいいがたい。

また、近年の伊勢参宮・西国巡礼の旅の研究成果によれば、近世後期になるにつれて、バリエーションルートが出現することが明らかにされている。(注16) 比叡山参詣も、いわば西国巡礼のバリエーションルートのひとつである。

ところが、前述のように、比叡山参詣の場合は、幕末に近づくにつれて、参詣する比率が減少している（前掲**表6・2**）。バリエーションルートの出現は西国巡礼の物見遊山化に一因があるとみられているが、宿泊施設や茶屋もない比叡山は物見遊山の旅人から敬遠されたのであろうか。

根拠となる史料的裏づけはないが、むしろ比叡山側が在俗の参詣者の増加による俗化をきらって、参詣者向けの施設を規制していたのかもしれない。伯耆大山のように、俗人の山頂登拝を禁じていた霊山もあり、おそらく戸隠山も同様であるが、聖域護持のために、それぞれの霊山で参詣者への多様な対応があり得たわけである。

なお、本節では、主として東国からの参詣者の旅日記を用いての検討であったため、比叡山近郊からの参詣については触れることができなかったが、横川の元三大師信仰などの年中行事化した庶民信仰が若干はみられるようである。

かつて、出羽三山の信仰圏について報告したように、(注17) 山岳信仰には距離に対応した参詣形態の差異が存在するので、比叡山参詣における信仰圏に関する分析は今後の課題となろう。

ただ、本節で東国からの比叡山参詣を取り上げたのは、遠距離参詣の旅の本質の究明をめざす筆者の研究視点のゆえである。近年、巡礼類型論が盛んであるが、(注18)巡礼と遠距離参詣を同じ土俵上で分析することが不可欠ではなかろうか。しかるに、両者を別の次元として扱っている研究が大部分であり、筆者がかつて提起した西国巡礼の途上での出羽三山参詣といった問題点は等閑視されたままで、巡礼類型論が先行している感がある。

巡礼と遠距離参詣を区別してしまうと、巡礼は信仰の旅、社寺参詣は物見遊山の旅という二分法におちいりがちとなる。江戸時代の旅は、「聖・俗・遊」が一体となっている。「遊」が最も重要な役割を果たしたとみる見解もあるが、(注20)筆者としては「聖」の機能をさらに探究する必要があると感じる。

今後は、旅日記や名所図会・往来物といった本節で題材とした史料以外にも、多角的な史料を活用しながら、近世の信仰の旅の全体像を解明していくことが、大きな課題として残されているといえよう。

第二節　古地図研究と葛川絵図研究会

一　はじめに

本節は、一九八一〜一九九三年にかけて、古地図研究の新しい方向性を模索した葛川絵図研究会の活動を回顧しながら、その中で久武哲也が関わった側面を検討することから、古地図研究における葛川絵図研究会の果たした役割を展望することを試みるものである。

葛川絵図研究会は、京都大学文学部地理学教室の若手研究者の有志によって活動が始められ、当時の古地図研究が小縮尺地図の考証史的側面が濃厚であったことに対して、大縮尺地図をフィールドワークを介してアプローチすることを主眼に置いた調査研究を重視するという立場に立脚した。

それに賛同する近隣大学の院生や研究者が続々とメンバーに加わり、活動は活性化していった。以下では、記録の残る限り、研究会の活動経過および例会などの活動記録を整理することによって、研究会の存在意義を広く問いかけたい。

二　葛川絵図研究会の活動経過

一九八一年五月　連休に有志が葛川を散策に訪れ、その後に京大文学部博物館古文書室所蔵の葛川絵図の写本を閲覧したことから、現地調査による絵図の解読が始まる。
一九八二年五月　人文地理学会歴史地理部会と日本史研究会例会の合同開催において、「葛川絵図にみる空間認識とその表現」を発表（発表要旨は「日本史研究」二四四、「人文地理」三四－五、に掲載）
一九八二年七月　葛川明王院参籠見学
一九八三年　名古屋にて夏季合宿（冨田荘絵図調査）
一九八四年一月　「地理」二九－一～五、七（古今書院）に「絵図を読む」を六回連載
一九八四年度　科研費総合（A）「荘園絵図の史料学および解読に関する総合的研究」に会員の一部が参加（一九八五年三月に研究成果報告書刊行）
一九八四年度　研究会世話役に久武哲也・下坂守・松尾容孝
一九八四年　高尾にて夏季合宿（神護寺・高山寺絵図調査）
一九八五年度　世話役に小林致広・田中智彦・吉田敏弘、比叡山調査開始・『絵図のコスモロジー』編集委員会発足
一九八五年八月　高野山にて夏季合宿
一九八六年八月　比叡山にて夏季合宿

一九八六年九月　世話役に高橋正・松尾・藤田裕嗣、比叡山・白山調査の科研費申請
一九八七年八月　白山禅定道調査（一九九〇年代はじめまで毎夏継続）
一九八七年八月　京都学生センターにて夏季合宿
一九八七年九月　世話役に高橋・長谷川孝治・藤田、活動方針「絵図学の構築」
一九八七年十一月　「年報」刊行の方針が承認
一九八八年三月　『絵図のコスモロジー』（地人書房）上巻刊行
一九八九年四月　『地図と文化』（地人書房）刊行
一九八九年七月　『絵図のコスモロジー』（地人書房）下巻刊行
一九八八年八月　京都学生センターにて夏季合宿
一九八八年九月　世話役に下坂・小川都弘・吉田、活動方針「荘園絵図」
一九八九年八月　鳥取にて夏季合宿（東郷荘絵図調査）
一九八九年九月　世話役に小川・小林・岩鼻・青山宏夫、活動方針「宗教絵図」
一九九〇年八月　神戸にて夏季合宿（須磨寺参詣曼荼羅絵図調査）
一九九〇年九月　世話役に久武・上原秀明・吉田・小野寺淳・松尾・五十嵐勉、活動方針「国絵図」
一九九二年二月　世話役に古田悦造・田中・額田雅裕・黒田晃弘、活動方針「都市図」
一九九二年八月　名古屋にて夏季合宿（岩瀬文庫絵図調査）
一九九三年四月　世話役に岩鼻、活動方針『絵図学の構築』の刊行（結局は刊行されず）と、研究会としての活動を整理して
　　　グループ毎の活動へ移行

三　例会などの活動記録

一九八一年七月十八～二十日　夏季合宿（葛川現地調査）
一九八二年三月二十一～二十二日　葛川合宿・巡検（宗教班・絵図班の報告）

一九八二年四月九日　例会（藤田「葛川と交通路」、松尾「中世絵図における木々の描き分け」）
一九八二年五月十五日　例会（小山靖憲「荘園絵図研究の成果と課題――荘園絵図の史料学をめぐって」）
一九八二年七月十六、十八～十九日　葛川回峰行見学（「日本史研究」発表要旨の検討）
一九八二年七月二十八日　例会（久武「報告タイトル不明」）
一九八二年九月二十九日　例会（小川「形態と象徴――バリ島における集落プランの研究」）
一九八二年十月二十七日　例会（岩鼻「立山マンダラにみる宗教景観の構造」）
一九八二年十一月二十四日　例会（田中「秩父巡礼絵図について」）
一九八二年十二月十五日　例会（小林「絵図と人物――メキシコの絵文書の表現様式の変化にふれて」）
一九八二年十二月二十～二十一日　見学会（日根野荘見学、犬鳴山温泉泊）
一九八三年一月二十三日　例会（長谷川「近世イギリスの都市鳥瞰図」）
一九八四年五月五日　例会（上原「葛川絵図の諸問題」）
一九八五年三月二十九日　例会（佐々木利和「今井八九郎と蝦夷地の測量について」、木村茂光「四至牓示図の再検討」）
一九八五年四月二十六日　例会（下坂「菅浦絵図の作成目的について」、久武「聖なる絵巻物――オジブワ族の絵図とコスモロジー」）
一九八五年五月三十一日　例会（戸田芳実「叡山の歴史地理的調査に関する提案」）
一九八五年七月六日　例会（小川「円覚寺領尾張国富田荘絵図再考」、小林「終点と起点」）
一九八五年八月二～四日　夏季合宿（小野寺「絵図にみる富士川の空間認識」、古田「相模原市における明治初期の地籍図の作成過程」、船越昭生「十七世紀のある黄河図について」、岩鼻「立山マンダラについて」、高野山霊宝館絵図見学）
一九八五年九月六日　例会（長谷川「オギルビーの道路図における空間表現」、三好唯義「江戸時代の刊行諸国図について」）
一九八五年十一月一日　例会（上原「国絵図」、田中「四国遍路絵図の弘法大師像」）
一九八五年十一月十五日　例会（比叡山の古道を歩く会）
一九八五年十二月二十日　例会（吉田「骨寺村絵図調査報告」、高橋「バリ島における方位観」）
一九八六年二月二十二日　例会（黒田紘一郎「上杉本洛中洛外図の都市景観」神戸市立博物館特別展「桃山時代の祭礼と遊楽」

見学）
一九八六年四月三日　例会（古田「東京における地籍図の作成基盤――地券図の紹介を兼ねて」、石井「地理写真考」）
一九八六年八月一～二日　夏季合宿（長谷川「イングランドの中世絵図・紹介」、岩鼻「参詣道中記にみる比叡山参詣について」、青山「日置北郷下地中分絵図考」、吉田「白山の絵図・曼荼羅を見学して」、下坂「比叡山の塔・谷・尾」）
一九八六年十月十日　例会（久武「スクールクラフト収集の北米原住民の絵地図」、神戸市立博物館「伊能忠敬」展見学）
一九八六年十一月七日　例会（黒田「一つのモチーフをめぐって――高賀山（岐阜県）伝承を例として」、古田「地籍図熟覧のための資料」、上原「『絵画の記号学』を読んで」、愛知県立公文書館地籍図見学）
一九八六年十二月二十日　例会（鬼原俊枝「比叡山三塔図屏風」、小山「絵巻物にみるシンボリズムとリアリズム――信貴山縁起の一場面から」）
一九八七年一月三十一日　例会（鈴木利幸「イギリスの中世絵図」）
一九八七年三月二十四日　例会（西山克「聖地のイメージ」、福原敏男「社寺参詣曼荼羅についての二、三の問題」、大阪市立博物館「社寺参詣曼荼羅」展見学）
一九八七年四月二十七日　例会（藤田「京北班田図と西大寺・秋篠寺相論絵図」、木村「栫田荘絵図再論」）
一九八七年五月三十日　例会（田中「四国遍路における絵図と案内記」、難波田徹「神童寺絵図を読む」）
一九八七年六月十二～十三日　例会（越後奥山荘見学）
一九八七年八月二十～二十一日　夏季合宿（松尾「絵図類の構造に関する一、二の検討」、小川「黒田日出男氏の「絵画史料」読解――東郷荘絵図をめぐって――」、長谷川「地図と社会――オルテリウスの社会史」、青山「絵図のパラディグマティック試論」、黒田「美濃馬場周辺に残る白山図について」、西山「聖地のシンタックス――須磨寺参詣曼荼羅をテクストとして」）
一九八七年十月九～十二日　例会（宇佐八幡放生会・本妙寺宝物館見学）
一九八七年十一月七日　例会（『絵図にみる荘園の世界』合評会、吉田「荘園絵図の作成目的としての一般図」）
一九八七年十二月十九日　例会（高橋「共時的分類と通時的分類「南蛮世界図屏風の場合」、神戸市立博物館所蔵南蛮世界図屏風見学」）

一九八八年二月二十七日　例会（小川勝「岩面画における俯瞰表現」、辻成史「視覚芸術の時間論の試み」）
一九八八年五月十四日　例会（久武「地図学史とプリミティブな地図の位置」）
一九八八年五月十五日　久武・長谷川『地図と文化』第二回編集会議
一九八八年八月五〜六日　夏季合宿（西瀬英紀「根来寺伽藍古絵図について」、福原「鳳来寺参詣曼荼羅について」、下坂「『山王霊験記』の成立と展開」、小川都弘「荘園絵図の叙述形式――パラダイム構築に向けての一提言」、高橋「カルトロジーの方法論に関する覚書」）
一九八八年八月八〜十一日　白山信仰調査（平瀬道から石徹白道へ）
一九八八年九月二十九日　例会（小川・下坂・吉田「荘園絵図の絵図学」、小川「東郷荘下地中分絵図」）
一九八八年十一月六日　例会（吉田・小川・下坂「荘園絵図の絵図学」）
一九八九年一月十六日　例会（「平安遺文」・「鎌倉遺文」に見える「図」・「絵図」）
一九八九年一月二十七日　例会（小川「図師――平安遺文にみる」、藤田「東大寺文書目録にみる絵図」、小山「絵図の所見史料」）
一九八九年三月二十四日　例会（黒田「平安・鎌倉遺文にみる指（差）図について」、下坂「絵と図と画」）
一九八九年三月三十一日　例会（泉万里「美術史からみた絵図」）
一九八九年四月五日　例会（青山「越後国居多神社四至絵図について」、松井吉昭「越後国奥山荘絵図」）宮内庁書陵部にて荘園絵図見学
一九八九年五月二十日　例会（小山「薩摩国日置北郷下地中分絵図」、藤田「西大寺争論絵図と争論過程」、下坂「禅定寺文書に見える絵図」）
一九八九年七月一日　例会（吉田「中世絵図のなかの荘園絵図」）
一九八九年七月二十二日　例会（小川「荘園絵図読解の視角と方法」、下坂「桛田荘絵図」）
一九八九年八月二〜五日　白山信仰調査（観光新道から加賀禅定道へ）
一九八九年八月十八〜十九日　例会（岩鼻「荘園絵図と社寺絵図のあいだ――聖地の表現をめぐって」、藤田「鎌倉期の文書に見える「絵図」――特に争論絵図の社会史」）東郷荘見学

一九八九年十月十四日　例会（小川・小林「活動テーマの趣旨説明と問題提起その一」）
一九八九年十一月十日　例会（青山・岩鼻「活動テーマの趣旨説明と問題提起その二」、松尾「参詣曼荼羅研究史」）
一九八九年十二月二十三日　例会（黒田「富士参詣曼荼羅」、長谷川「ヘリフォードマップ」）
一九九〇年三月十七日　例会（田中「参詣曼荼羅にみる巡礼者」、西山「熊野観心十界図考」、久武「他者のイメージ――新大陸図におけるインディアン像」）
一九九〇年四月二日　例会（小川「ユートピアマップ」、徳田和夫「祇園社大政所絵図の祝祭性と物語性」）絵解き研究会との合同例会
一九九〇年六月二日　例会（下坂「清水寺参詣曼荼羅」、高橋「ローマ古地図瞥見」）
一九九〇年七月七日　例会（三好「南瞻部州図」、小林「ワマン・ポーマの都市図」、辻「イメージ・リーディング再考」）
一九九〇年八月十四～十六日　立山信仰調査（立山登山と魚津大徳寺絵解き見学）
一九九〇年八月二十一～二十二日　例会（黒田「山岳参詣曼荼羅と絵解き」、小林「歴史（物語）叙述とイラスト――ワマン・ポーマ「年代記」の分析から」、久武「他者のイメージ――新大陸におけるインディアン像（再考）」、青山「中近世日本図にみる想像の世界」、小川「ユートピアマップ――その時代と空間・その二」）須磨寺巡検
一九九〇年九月五～九日　例会（山中「出羽国絵図」）秋田県立図書館、秋田県庁、致道博物館、米沢市立図書館にて国絵図見学
一九九〇年十一月十二日　例会（吉田「官撰国絵図の所在調査および研究状況について」、久武「近世における測量絵図の系譜と官撰国絵図」）神戸市立博物館にて国絵図見学
一九九〇年十二月八日　例会（松尾「因伯各国絵図数種の内容比較」）鳥取県立博物館にて国絵図見学
一九九一年五月十～十一日　例会（島原市立図書館、熊本県立美術館にて国絵図見学）
一九九一年六月十六日　例会（土浦市立博物館にて石岡藩絵図見学）
一九九一年七月五～六日　例会（吉田「伊勢国絵図の図形について」、種田祐司「近世尾張藩の村絵図作成事業」）愛知県図書館、桑名鎮国神社にて国絵図見学
一九九一年八月一～四日　白山信仰調査（チブリ尾根道から加賀禅定道へ）

一九九一年八月二十一～二十三日　例会（佐賀県立図書館、松浦史料館、福岡市立博物館にて国絵図見学）
一九九一年十二月二十二～二十三日　例会（久武ほか「国絵図研究の成果のとりまとめ」）
一九九二年四月三日　例会（大関久仁子「土浦の城下町絵図について」、古田「人文地理学における三つのアプローチと都市図研究」）土浦城下町巡検
一九九二年五月十八日　例会（国立史料館所蔵土浦城下町絵図見学）
一九九二年八月二十六～二十七日　例会（松尾「都市図研究の手法と成果」、黒田「木曽川川並絵図の作成過程について」、上原「慶長肥後国絵図の記載内容について」、岩鼻「近世期山岳信仰絵図の類型化をめぐって」）西尾城下町巡検
一九九二年十一月六日　例会（古田「ソウルの都市図」、田中「大坂図にみる寺町」）
一九九二年十二月二十二～二十三日　例会（水田義一「和歌山城下町の形成過程」）和歌山城下町絵図見学と巡検
一九九三年四月四日　例会（吉田「「荘園絵図とその世界」展について」、岩鼻「今年度研究会活動の方針について」、国立歴史民俗博物館「荘園絵図とその世界」展見学）
一九九三年八月十～十三日　白山信仰調査（平瀬道から石徹白へ）
一九九三年八月二十二日　例会（最近五年間の研究会活動の成果と展望、一九八八年度「絵図学の構築」、一九八九年度「荘園絵図」、一九九〇年度「宗教絵図」、一九九一年度「国絵図」、一九九二年度「都市図」、白山研究グループ）

四　おわりに

以上のように、葛川絵図研究会の活動経過を整理すると、院生レベルの研究会活動から大きく飛躍した契機は久武哲也の参加であったといえよう。

久武は一九八四年度に下坂守、松尾容孝とともに世話役についた。この年は、月刊誌「地理」（古今書院）に「絵図を読む」を六回にわたり連載したり、日本中世史の研究者と共同で科研費総合（A）「荘園絵図の史料学および解読に関する総合的研究」を遂行し、葛川絵図に関する調査研究を世に問い、次の次元に歩み始めた時期であっ

た。

ついで、上原秀明、吉田敏弘、小野寺淳、松尾容孝、五十嵐勉とともに、一九九〇年度の世話役につかれ、「国絵図」を活動方針とされた。この際の活動が、その後に国絵図研究会に継承され、『国絵図の世界』（柏書房、二〇〇五年）の出版へと結実した。

葛川絵図研究会の活動の末期を除いては、ほぼ毎月のように開かれた例会の場で、何度も久武は次のような報告を行った（一九八二年七月例会「報告タイトル不明」、一九八五年四月「聖なる絵巻物――オジブワ族の絵図とコスモロジー」、一九八六年十月「スクールクラフト収集の北米原住民の絵地図」、一九八八年五月「地図学史とプリミティブな地図の位置」、一九九〇年三月「他者のイメージ――新大陸図におけるインディアン像」、一九九〇年八月「他者のイメージ――新大陸におけるインディアン像（再考）」、一九九〇年十一月「近世における測量絵図の系譜と官撰国絵図」、一九九一年十二月「国絵図研究の成果のとりまとめ」）。

以上から久武の研究の方向性を抽出すると、当初の未開民族の絵図研究から出発して、大陸発見時代における欧米人と未開民族の接触を通した視点が加わり、さらに新大陸図に描かれたインディアン像の変化の考察から、測量図の有する意味へと関心が拡がり、その関心は日本国内における測量図および国絵図の調査へと向けられたとみることができよう。

また、研究会の中での役割としては、海外研究から日本の絵図研究を相対化する視点や、とりわけ『絵図のコスモロジー』の編集に際して、理論化の面での貢献をあげることができる。

最後に、本節は久武哲也の研究会活動を中心に展望したこと、そして、資料の制約もあって、研究会活動の全体像、とりわけ初期の部分を十分に明らかにすることができなかったので、この点については今後の課題としたい。

注

（1）①景山春樹他『比叡山Ⅰ　一二〇〇年の歩み、Ⅱ　そのこころと行』大阪書籍、一九八六年。②渡辺守順他『比叡山』法藏館、一九八七年。③新井栄蔵他編『叡山の文化』世界思想社、一九八九年。④武覚超『比叡山諸堂史の研究』法藏館、二〇〇八年。⑤吉田敏弘「國學院大学図書館蔵『無動寺文庫旧蔵山門大絵図写一式』の基礎的検討」國學院大学大学院紀要、文学研究科四七、二〇一五年。
（2）①景山春樹「比叡山における回峰修験の神々」山岳修験一、一九八五年。②村山修一編『比叡山と天台仏教の研究』名著出版、一九七五年。
（3）光永澄道・梶原学『比叡の旅　十六谷の「行」と伝説』燈影舎、一九八四年。
（4）平松澄空『比叡山回峰行の研究』未央社、一九八二年。
（5）『上小阿仁村郷土史　資料編第一集』上小阿仁村教育委員会、一九七三年。
（6）『大郷町史　史料編二』一九八四年。
（7）『湯津上村誌』一九七九年。
（8）『石川町史　下巻』一九六八年。
（9）宮本常一他編『日本庶民生活史料集成　第二巻』三一書房、一九六九年。
（10）圭室文雄「史料紹介『伊勢道中日記』について」茅ヶ崎市史研究二、一九七七年。
（11）拙稿「道中記にみる近世の出羽三山登拝」東北生活文化論文集六、一九八七年。
（12）拙稿「道中記にみる出羽三山参詣の旅」歴史地理学一三九、一九八七年。
（13）『名所図会の世界　特別展図録』名古屋市博物館、一九八八年。
（14）竹村俊則編『日本名所風俗図会七』角川書店、一九七九年。
（15）石川謙・石川松太郎編『日本教科書大系往来編第十巻地理（二）』講談社、一九六七年。

(16)①田中智彦「石山より逆打と東国の巡礼者――西国巡礼路の復元――」神戸大学文学部紀要一五、一九八八年。②小野寺淳「道中日記にみる伊勢参宮ルートの変遷――関東地方からの場合――」人文地理学研究一六(筑波大学地球科学系)、一九九〇年。
(17)拙稿「出羽三山信仰圏の地理学的考察」史林六六-五、一九八三年。
(18)小田匡保「巡礼類型論の再検討」京都民俗七、一九八九年。
(19)拙稿「北東北からの出羽三山参詣」山形民俗二、一九八八年。
(20)石森修三「旅から旅行へ」守屋毅編『日本人と遊び』ドメス出版、一九八九年。

参考文献

久武哲也「岩絵と砂絵の地図学」京都大学文学部地理学教室編『地理の思想』所収、地人書房、一九八二年。

久武哲也「アメリカインディアンの聖なる絵巻物」葛川絵図研究会編『絵図のコスモロジー』下巻、地人書房、一九八九年、所収。


[付記]本章第一節の骨子は、一九八六年八月の葛川絵図研究会例会、および一九八九年の山岳修験学会大会において、口頭発表したものである。現地調査に際しては、故戸田芳実神戸大学教授をはじめとする葛川絵図研究会の諸会員と同行し、多々ご教示をいただいたことに感謝したい。

なお、注にあげた出羽三山関係の拙稿は、『出羽三山信仰の歴史地理学的研究』名著出版、一九九二年、に収録した。

本章第二節は、人文地理学会第九十四回地理思想研究部会において、二〇〇八年九月二十日にキャンパスプラザ京都で「古地図研究と久武先生――葛川絵図研究会の活動を通して――」と題して報告した内容を骨子としたものである。報告の機会を与えていただいた関係者の方々に感謝したい。

コラム6 久武哲也先生と葛川絵図研究会

久武哲也先生は、私が文学部を卒業した頃に地理学教室の助手となられた。大学院浪人時代には、英語の苦手な我々のために、アメリカの文化地理学者サウアーの文献講読を開いていただいたりしたものであった。

久武先生は、サウアーが率いたカリフォルニア学派の文化地理学に精通しておられ、後に『文化地理学の系譜』(地人書房、二〇〇〇年)と題する大著をまとめられた。拙著までも視野に入れていただいたことは望外の喜びであった。

私が藤岡先生によく怒られたことは前述したが、水津先生から怒られたことはほとんどなかったと記憶する。そのしかられ役を受けていただいたのは、思えば久武先生であった。今なお思い出すのは、一九八〇年の日本で開催された国際地理学会のまとめとして、水津先生が企画編集された京都大学文学部地理学研究室編『地理の思想』(地人書房、一九八二年)の刊行時である。

一人当たりの執筆枚数が、おそらく四百字原稿用紙三十枚か四十枚ほどであったかと記憶するが、本ができあがった時に、水津先生がご覧になって、久武先生の担当した箇所だけが異常に多い頁数になっていたのを見つけて、雷を落とされた。実は久武先生の原稿は四百字詰め原稿用紙の一行二十字のところに三十〜四十字も細かい字で記されていたのだった。水津先生が発見された時は後の祭りであった。私は校正のお手伝いをした関係もあって、早くから気が付いていたのではあったのだが。

久武先生からは、『絵図のコスモロジー(上・下)』(地人書房、一九八八・一九八九年)を編集する過程で、貴重なアドバイスを多くいただいた。本論に記したように、毎夏には合宿調査を行い、次第に多くの先生方が参加していただくようになり、多様な助言をいただいたおかげで、上下二冊本が日の目をみることになった。とりわけ、葛川絵図の理念的分析に際しては、後に文学部地理学教室教授として定年を迎えられた小林致広氏らとともに、大役を果たされた。その久武先生は、二〇〇七年七月二十八日に逝去された。

本書に収録した報告は人文地理学会例会の、いわば久武先生の追悼の場であったが、そこで発表した際に、葛川絵図研究会とは、どのような存在であったのか、解散してから相当の歳月が過ぎたにもかかわらず、非常に多くの質問をいただいたものであった。それを私一人で答えるには重過ぎるところがあり、巧みに返答できなかったのも確かであった。

ある意味で、解散を決断したのは、それぞれの若い会員が職を得て、自立していたことも背景にあったといえよう。形式的には国絵図研究会に、その役割が継承されたともいえるが、個人的には賛同しがたいところもある。

国絵図は、近世のきわめて集権的な体制下に生まれた絵図であり、とりわけ正保から元禄の国絵図に進むにつれて、記号化が顕著となる。それに小縮尺の絵図であり、詳細な現地の情報は描かれてはいない。

我々が研究の出発点としたのは、中世的な地域の情報をくまなく表現した大縮尺の絵図であった。それも、測量といった地図製作技術にはこだわらない表現形態を有していることから、それが歴史地理学の研究対象として、大きな魅力を有していたのであった。

第七章　絵図にみる霊場寺院の他界観

――羽黒山・慈恩寺・立石寺を事例として

羽黒山霊祭殿脇の卒塔婆（2012 年 6 月　筆者撮影）

一　はじめに

羽黒山・慈恩寺・立石寺は山形県内で近世において千石を越える寺領を有し、中世以前にさかのぼる歴史と伝統を持つ寺院である。

近世初期には、徳川幕府の宗教政策によって三者三様の道を歩むが、中世においては類似する一山組織を有していたと想定され、それらは庶民信仰に結び付いた側面も有していた。残念ながら、伝来する中世史料は多いとはいえず、その詳細を解明することは困難であるが、近年はいくつかの新たな試みもみられ始めた。

中世における霊場寺院の実態については、近世史料から遡及することによって、その姿をかいまみることも不可能ではない。とりわけ、筆者の専攻する歴史地理学的題材として、(注1)羽黒山・慈恩寺・立石寺の近世絵図を取り上げて、本章における分析材料としたい。ただし、残念ながら、いずれの寺院とも中世絵図は伝来していない。羽黒山に比して、慈恩寺と立石寺は近世には修験色がほとんど消滅するが、近世絵図には修験関係の堂舎が点在し、他界観と関わる地名や女人救済儀礼の存在をうかがわせる堂舎および地名・伝承もみられることから、近世以前には一定の修験勢力が存在したと想定することは妥当であろう。

既往の研究では、羽黒山については近世絵図をてがかりに筆者が追求してきたが、慈恩寺と立石寺の場合は、このような視点からのアプローチはいまだ試みられてはいない。羽黒山・慈恩寺・立石寺の共通点と相違点を比較しながら、他界観や地獄極楽思想について、中世にさかのぼるべく究明することが本章の課題となる。

二　中近世の羽黒山

中世の羽黒山の実態については不明な部分が少なくないが、近年はその解明を目指した研究が相次いで報告さ

れている。(注2)

そこで、本項では、それらの驥尾に付して中世の羽黒山信仰の特徴をまとめ、それらが近世絵図にどの程度残存・継承されているのかを確認してみたい。

顕密仏教の寺社勢力論を展開させて、羽黒山を、山岳信仰の上に顕密仏教が重なり、中世後期には下部の聖(修験)の勧進活動が強まって、近世には全山が修験化するとの指摘がなされ、(注3)中世の縁起から聖徳太子信仰や善光寺信仰との関連に加えて、羽黒山信仰と北方世界との密接な関係が指摘され、(注4)中世における熊野系修験との交流も指摘されている。(注5)全山が修験化した近世に比して、中世の羽黒山は、多様な宗派を含んだ一山組織と、各地の修験や聖との交流、それにともなう多彩な信仰の流入が特徴であったといえよう。

筆者は、かつて山岳信仰の空間構造を信者の居住する信仰圏・登山口の宗教集落の立地する準聖域圏・山中他界の聖域圏の三つに分類して考察を試みた。(注6)本章の課題である他界観を探るには、聖域圏の分析が中心となるが、出羽三山を事例として、近世絵図や紀行文・旅日記を活用した調査研究を、これまで発表してきた。(注7)まずはそれらの概要を提示して、そこでの方法論を慈恩寺および立石寺にも適用してみたい。

筆者は、先に出羽三山の地獄と浄土に関する問題を整理した中で、湯殿山の地獄は御神体の下流に位置する御沢との関連が深いことを指摘したが、(注8)芭蕉よりも古い記録で、この地獄に触れた紀行文を知ることができた。(注9)それは、延宝六(一六七八)年の橘三喜の『一宮巡詣記』であり、お沢めぐりを「此所を先達にとへば、地獄廻りといふ」と記している。湯殿山の御神体そのものが浄土の世界であり、そこから流れる水の落ちていく先が地下他界としての地獄の世界であったと述べた私見を裏付ける史料のひとつになるといえよう。(注10)

さて、他界観および地獄極楽思想との関連での筆者の最大の発見は、羽黒山における血盆経供養の実態解明であった。既に、「湯殿月山羽黒三山一枚絵図」の祓川橋の両岸に「エンマドウ」と「姥堂」が位置し、越中立山の芦峅寺で行われた女人救済儀礼である布橋灌頂と同一の配置がみられること、(注11) さらには羽黒山の五重塔付近に「血の池」や「さいの川原」といった地獄に関わる地名の存在することを指摘し、(注12) 血盆経供養の行われた可能性を想定したが、その後、羽黒山に参詣した旅日記の「血ノ池ニ地蔵尊ここミテ血ぼん経ヲうる六文つゝ」という記載から、血盆経供養が実際に行われていたことを確認することができた。(注13)

なお、庄内地方にも数多くの地獄絵が伝来するが、(注14) これらの信仰と出羽三山との関連は今後の研究課題となろう。

三　中近世の慈恩寺

葉山の山麓に位置する慈恩寺は、近世初期まで葉山修験の拠点であり、葉山は羽黒山と月山とともに出羽三山のひとつに位置づけられていた。すなわち、月山を奥山として、庄内側の端山に相当するのが羽黒山であり、内陸側の端山に相当するのが葉山という構造をなしていた。(注15) 慈恩寺の寛永二十（一六四三）年の華蔵院文書「慈恩寺修験書上」には、「一　修験事ハ出羽之内に、月山、葉山、鳥海山と申候而、三ツ之峯御座候間、少も私ニ無之候其験者修験一同之用書三国相傳江見江申候、是も葉山ニ密所有と御座候事」とみえ、慈恩寺においても、葉山が三山のひとつをなすものとの認識が存在したことを示している。(注16)

ところが、中世末期から近世初期にかけて、慈恩寺は修験と無関係となり、葉山修験の拠点は大円院へと移動する。おそらくは、天台宗と真言宗の両者から成る一山組織を維持するために修験を切り離したものと想定され、天台宗に統一することによって、地方修験の本山を維持することに固執した羽黒山とは対照的な道を選んだといえよう。

にもかかわらず、慈恩寺と出羽三山の関係は「両造法論」と称される寛永・寛文年間の二回の争論との関わりで浮き彫りとなる。そもそも、出羽三山の登拝口である「八方七口」の別当寺のうち、本道寺と大井沢大日寺は真言宗慈恩寺宝蔵院と本末関係にあり、(注17)「両造法論」に際しても、当初は慈恩寺宝蔵院と羽黒山との争論の形をとっていた。一時期、大井沢大日寺が慈恩寺との本末関係を否定する局面があるなど、両者の関係は微妙なものであったことが想定されるが、羽黒山に対抗する過程では慈恩寺に頼らざるをえない事実が存在したという面から、中世にさかのぼる両者の緊密な関係を憶測できるのではなかろうか。(注18)

ただし、近世の慈恩寺から修験がまったく姿を消したわけではなく、享保六(一七二一)年の史料には山伏六十六人との書き上げがみられ、妻帯衆徒としての山伏は、本山派にも当山派にも属さない「慈恩寺修験」を名乗り、霞・檀那場を持たず、慈恩寺一山で立峰し、修行に専念したという。(注19)この近世の修験関係文書は、宝蔵院文書に多く含まれ、前述の宝蔵院と本道寺の関係文書も多いという。(注20)最近では、慈恩寺修験についての報告書も刊行された。(注21)近世後期に出羽三山信仰が隆盛に向かう中で、それとは一切の関係を持たなかった慈恩寺修験とは何であったのだろうか。

一方、慈恩寺から独立した葉山修験は村山郡から最上郡にかけて分布していたが、元禄二(一六八九)年に葉山派の末派修験に組織変化が存在したことが近年の研究で指摘されている。(注22)このことは、羽黒修験が「両造法論」を経て、幕府から独立した地方修験の本山として認められる過程と密接に関連するものであろう。

さて、慈恩寺の開基は、神亀元(七二四)年に行基が慈恩寺の景勝を天皇に奏上し、勅命で天平十八(七四六)年に婆羅門僧正が建立したと伝えられる。平安後期の写経や仏像群が伝来することから、この時期には歴史の中に位置づけられてくる。(注23)正徳六(一七一六)年の「慈恩寺一山絵図」には、山岳信仰に関連する地名の注記が三つみられる。(注24)ひとつは、本堂から背後の山に登る道沿いに「役行者堂」が存在する。役行者は、いうまでもなく、修験道の開祖とされる人物であり、山頂に至る道沿いに分布する「天台大師堂」、「弘法大師堂」、「天神堂」、「開山堂」、

「白山堂」、「大黒堂」、「新山堂」、「山王堂」などの数多くの堂社は、後述の山寺の「他宗住居」と同様に(注25)、庶民信仰の源流としての中世聖の活躍を示唆するものかもしれない。

もうひとつは、絵図の右下に描かれた「月山堂」の存在である。この月山堂こそ、奥山の月山をはるかに遙拝するためのものであり、前述のように葉山が出羽三山のひとつであり、月山の端山としての位置づけであったことを証するものではなかろうか。

最後のひとつは、絵図の左下に描かれた「湯殿山道」という文字注記である。葉山に代わって、出羽三山のひとつになったのがまさに湯殿山であり、その湯殿山に通じる道が描かれているということは、葉山が出羽三山から離脱したとしても、依然として出羽三山の聖域への入り口としての位置は保ち続けていることを示唆するものではなかろうか。それを裏付けるかのように、慈恩寺の門前に位置する寒河江川を渡る臥龍橋では、草鞋を履き替える習俗がかつて存在したとされ、ここから奥が出羽三山の聖域であると認識されていたものと解釈される(注26)。

なお、慈恩寺と出羽三山との関係は前述したが、舞人の林家は元来、立石寺の根本中堂において舞楽を奏したが、山寺の焼き打ちによって慈恩寺に移り住んだとする伝承があり(注27)、慈恩寺と立石寺も、かつてはお互いに無関係ではありえなかったといえよう。

さらに、慈恩寺および熊野信仰とゆかりの深い寒河江市の平塩栄蔵坊が、山寺夜行念仏の許可状授与に関わっていたなど(注28)、慈恩寺と立石寺と出羽三山をつなぐ信仰世界の解明は今後の大きな課題となろう。

以上で指摘したように、慈恩寺において山中他界観や地獄極楽思想につながる地名や堂社は多いとはいえないが、慈恩寺から別れた葉山修験の拠点となった大円院に熊野観心十界曼荼羅が伝来し、それに加えて周辺の寺院に数多くの地獄絵が伝来することは(注29)、前述の羽黒山と同じく、慈恩寺と葉山にも熊野修験の影響が存在し、熊野比丘尼による地獄極楽の絵解きが行われていた可能性をもうかがわせ、誠に興味深いといえよう。

四　中近世の立石寺

東北地方へ仏教を伝えた高僧として、行基（慈恩寺や天童市若松寺には行基開山説が伝えられている）・空海・円仁・徳一の名前がしばしばあげられるが、会津恵日寺《えにちじ》を開いた徳一以外は実際に東北を訪れて布教したかどうか定かではない。立石寺は円仁《えんにん》の開基と伝えられるが、これを史実と解釈する立場もある一方で、（注30）彼の弟子による開山とみなす指摘も存在する。（注31）磐司磐三郎という狩人の関係する開山伝承は、修験の霊山における共通性がみられ、古代・中世における山寺信仰の原像を物語るものといえよう。

鎌倉中期の慈覚大師伝に、奥州松島寺と並んで出羽立石寺（タテイシテラ）の名がみえることから、この時期には一山組織が確立していたものと推測される。だが、大永元（一五二一）年の山寺焼き打ちによって、一山は壊滅し、古文書史料もそれ以降のものしか残存していない。なお、この再興時に比叡山から不滅の法灯が山寺へ移され、その後の織田信長の比叡山焼き打ち後に、山寺の不滅の法灯が比叡山に戻る形で引き継がれた。

山寺において、中世にさかのぼる史料は金石文しか存在しないが、（注32）これらのさらなる解明は今後の調査研究に期待することとして、本章では触れない。

さて、地元の伝承では、峯の浦北方の霊山が死者の埋葬地とされるが、字長野の奥山に「地獄谷」「しら骨」の地名がある。（注33）地獄谷の地名は元来、風葬の地を指すとする五来重の説を援用すれば、（注34）これらが死者の埋葬地であったかもしれない。いずれにしても、山中他界に関わる地名であることは疑いない。面白山《おもしろやま》の聖域への入り口には山姥の石仏があり、（注35）この石仏は女人禁制に関わるものかもしれない。面白山を奥山とする山岳信仰において、山寺立石寺は里山（端山）として位置づけられていたとみることもできよう。

ところで、山寺の修験で近世の文献にみえるものとして、馬形の両全院と川原町の立定院が明治維新まで立石寺配下の修験であった。[注36] なお、蝦夷地探検家の木村謙次が天明五（一七八五）年に記した『奥羽行李記』（個人蔵）には、清僧修験が山寺の案内役を務めた記載がみえる。[注37]

立石寺は、徳川幕府の宗教統制を受けて、天海が発給した元和四（一六一八）年の「立石寺法度」によって、天台宗寺院と位置づけられるが、おそらくそれ以前は羽黒山や慈恩寺などと共通点を有する一山組織を有していたものと憶測される。「立石寺法度」中の「山中不可置他宗之事」という条文に着目して、享保十一（一七二六）年に刊行された『山寺状』の一山図に描かれた山頂付近や天狗岩を含めた三十以上にのぼる堂社を「他宗住居」、すなわち衆徒以外の堂社と把握し、立石寺の庶民信仰の源流に中世聖の活躍を示唆した竹田賢正の指摘は興味深い。[注38]

なお、山寺の夜行念仏は、[注39] 関東の天道念仏との関係や、[注40] 円仁が遣唐使として派遣され、五台山などの巡礼によって天台密教を確立し、比叡山に常行三昧堂を建立して五台山の念仏を移したこととの関連が想起される。さて、近世絵図から山寺における他界観や地獄極楽思想について探求する題材として、「羽州山寺立石寺寶珠山略絵図」を取り上げてみたい。[注41] この絵図は木版刷で、文久元（一八六一）年の作成であり、図中には堂社などの名称や地名が詳しく記載されている（**図7・1**）。

この絵図から、他界観や地獄極楽思想に関わる名称を拾い上げると、ウバ堂（**図7・1**の記号3）、十王堂（**図7・1**の記号4）、胎内（**図7・1**の記号5）、地蔵堂（**図7・1**の記号6）、血池（**図7・1**の記号7）、を指摘することができる。なお、立石寺（**図7・1**の記号1）と奥院本堂（**図7・1**の記号2）の位置も示した。

さて、十王堂は閻魔大王をはじめとする冥界で死者の罪業を裁く十人の王を祀るものであり、この十王堂とウバ堂が近接して立地する構造は、前述の羽黒山における女人救済儀礼の構造と共通するものを有していた可能性が存在する。山寺にも女人救済儀礼が存在したかどうかは、今後の研究課題となろう。

そして、胎内もまた、修験道と関連する地名であり、修験道における峰入り修行は擬死再生儀礼であると位置

図7・1　「山寺　寶珠山立石寺図」（山寺芭蕉記念館所蔵）

づけられており、(注42)胎内くぐりの儀礼は生まれ変わりの儀礼であるとされ、各地の霊山には胎内岩などの名称を有する聖地がしばしば存在し、月山山頂にほど近い胎内岩は、月山の奥の院であるといわれる。この絵図に示された山寺の「胎内」と称される地名も、同様の意味を有していた可能性が想定され、現に近世の紀行文には胎内くぐりという記載がみえる。(注43)

地蔵堂の存在も、地獄極楽思想と密接に関連するものである。閻魔大王の本地を地蔵菩薩とする「地蔵十王経」が平安末期以降に流布し、立山曼荼羅には賽の河原で石を積む子供達を救済する地蔵菩薩の姿が描かれている。

血池は、代表的な地獄のひとつであり、この血ノ池地獄は女性の堕ちる地獄として認識され、(注44)血盆経という偽経を奉納する女人救済儀礼が立山や羽黒山で行われていたことは前述した。

これらの地名は、いずれも先述の「他宗住居」の域内に分布しており、その立地は立石寺の庶民信仰の源流に中世聖の活躍を示唆した竹田賢正の指摘を補強するものといえよう。(注45)

以上で指摘したような地名から、おそらく中世の段階で、山寺には一定の修験勢力が存在したことは想像に難くないといいえよう。なお、近年の立石寺研究に関する新たな動向が展望されている。(注46)

五　おわりに

以上、与えられた課題のうち、地獄草紙や語り物の世界など、ほとんど言及できなかった部分もあったが、出羽国南部の三か寺を比較しながら、山中他界観と地獄極楽思想に関して一定の論点を提示することができた。

ところで、近年、山形学ないし東北学といった地域の名称を冠した学問ブームの感があるが、自ら範囲を限定して束縛される必要はなく、むしろそのような枠組みを超えて、琉球列島や朝鮮半島といった日本の周縁部との文化的共通性を問い直すような比較研究が展開されるべきであろう。

たとえば、山寺のムカサリ絵馬と死霊結婚の問題は、韓国の死霊結婚とシャーマニズムとの関連で、考察されるべきではなかろうか(注47)。前述のように、山寺立石寺の開基と伝えられる円仁は遣唐使として派遣されることによって、五台山などの巡礼を行い天台密教を確立したのであって、その存在は東アジア世界と結び付いていたのであった(注48)。

筆者は、目下のところ、韓国の伝統文化への関心を高めているが、今後は日本の山岳信仰との関連性の比較考察を進めていきたいと考えており、その試論として立山信仰を取り上げてみたので、諸兄のご批判とご指導をいただければ幸いである(注49)。最後に、「慈恩寺一山絵図」の複製版をご提供いただいた故阿部西喜夫先生の学恩に感謝して結びに代えたい。

注

(1) 有薗正一郎他編『歴史地理調査ハンドブック』古今書院、二〇〇一年。

(2) ①伊藤清郎『霊山と信仰の世界——奥羽の民衆と信仰——』吉川弘文館、一九九七年。②誉田慶信『中世奥羽の民衆と宗教』吉川弘文館、二〇〇〇年。③宮家準『羽黒修験——その歴史と峰入——』岩田書院、二〇〇〇年。④拙稿「近年の出羽三山信仰の研究動向」村山民俗一四、二〇〇〇年。⑤拙著『出羽三山　山岳信仰の歴史を歩く』岩波新書、二〇一七年。

(3) 前掲注(2)①参照。

(4) 前掲注(2)②参照。

(5) 前掲注(2)③参照。

(6) 拙著『出羽三山信仰の歴史地理学的研究』名著出版、一九九二年。

(7) ①拙著『出羽三山の文化と民俗』岩田書院、一九九六年、②拙稿「出羽三山の両造法論と絵図」西村山地域史の研究

一四、一九九六年。
(8)前掲注(7)①参照。
(9)拙稿「出羽三山への道――新出の三山参詣旅日記から――」山形民俗一五、二〇〇一年
(10)前掲注(7)①参照。
(11)拙稿「越中立山女人救済儀礼再考」芸能三四-一一、一九九二年。
(12)①前掲注(7)①、②参照。拙稿「出羽三山の絵図を読む」山形郷土史研究協議会研究資料集二〇、一九九八年。
(13)拙稿「旅日記にみる羽黒山の女人救済儀礼」村山民俗一三、一九九九年。
(14)梅木壽雄「山形県庄内地方の地獄絵」東北生活文化論文集七、一九八八年。
(15)前掲注(7)②参照。
(16)寒河江市史編さん委員会編『寒河江市史　慈恩寺中世史料(解読編)』寒河江市、一九九七年。
(17)山形県教育委員会編『本山慈恩寺文書調査報告書』山形県文化財保護協会、一九八八年。
(18)前掲注(7)②参照。
(19)月光善弘『東北の一山組織の研究』佼成出版社、一九九一年。
(20)前掲注(17)参照。
(21)寒河江市教育委員会編『図録　慈恩寺修験資料』寒河江市、二〇一三年。
(22)関口健「山形県村山地方の葉山信仰――葉山派修験をめぐって――」山岳修験二五、二〇〇〇年。
(23)前掲注(19)参照。
(24)前掲注(17)参照。
(25)竹田賢正「羽州霊山立石寺における庶民信仰の源流」山形県地域史研究一一、一九八六年。
(26)山形県西川町『西川町史　上巻』山形県西川町、一九九五年。
(27)前掲注(19)参照。
(28)居駒永幸「つながった山寺獅子踊の消失の輪――その民俗と由来書と平塩栄蔵坊文書――」山形民俗一一・一二、一九

九八年
(29)庄司千賀「山形県村山地方の地獄絵と絵解き」絵解き研究四、一九八六年。
(30)伊沢不忍『慈覚大師と東北文化』山寺村役場、一九五一年。
(31)前掲注(19)参照。
(32)①大友義助「羽州山寺における庶民信仰の一考察」『山形県民俗・歴史論集　第一集』東北出版企画、一九七七年。②伊豆田忠悦『山寺の歴史』山寺歴史会、一九九二年。③大石直正・川崎利夫編『中世奥羽と板碑の世界』高志書院、二〇〇一年。④村山民俗学会事務局「山寺千手院地区の石碑石仏調査」村山民俗一五、二〇〇一年。
(33)佐々木太四郎『山寺・立石寺千手院考』私家版、一九八九年。
(34)五来重『日本人の地獄と極楽』人文書院、一九九一年。
(35)前掲注(33)参照。
(36)伊沢不忍『山寺百話』私家版、一九九一年。
(37)拙稿「紀行文と旅日記にみる立石寺」村山民俗一五、二〇〇一年。
(38)前掲注(25)参照。
(39)村山民俗学会事務局「「夜行念仏」研究論文目録」・「「夜行念仏」史料一覧」・「夜念仏の石碑」・「夜行念仏回向文一覧」村山民俗一五、二〇〇一年
(40)前掲注(7)①参照。
(41)山寺芭蕉記念館所蔵。
(42)五来重『先祖供養と墓』角川書店、一九九二年。
(43)前掲注(37)参照。
(44)高達奈緒美「血盆経信仰霊場としての立山」山岳修験二〇、一九九七年。
(45)前掲注(25)参照。
(46)誉田慶信『中世奥羽の仏教』高志書院、二〇一八年。

(47)①和田正平『性と結婚の民族学』同朋舎出版、一九八八年。②松崎憲三編『東アジアの死霊結婚』岩田書院、一九九三年。
(48)エドウィン・O・ライシャワー『円仁唐代中国への旅』原書房、一九八四年。
(49)拙稿「立山の山岳信仰」山と溪谷七九二、二〇〇一年。

コラム7 日野西眞定先生と山岳修験学会

山岳修験学会は、当初、九州、そして西日本で活動を開始し、福岡市の高校教員として勤めておられた長野覚先生と福岡県立求菩提資料館の重松敏美館長との二人三脚で全国学会へと発展していった。

私が山形へ来てまもない一九八四年秋に、比叡山で最初の全国大会が開かれ、宮本袈裟雄先生たちと同室だったことが思い出される。一九九〇年代に入り、戸隠神社の松井憲幸宮司にお願いして、戸隠大会を開催の運びとなり、善光寺・戸隠研究の重鎮であった長野郷土史研究会の小林計一郎先生に基調講演をお願いした。戸隠の越水ロッジのオーナーであった水上憲宗氏には前年度の熊野三山大会時に、遠路を視察にお越しいただき、戸隠大会の運営に絶大なる協力をいただいた。

一九九五年の相模大山大会では、味の素食文化財団から研究助成をいただき、相模大山の宿坊の精進料理の食文化を調査研究して、その成果を研究発表する機会に恵まれた。その翌年には、前述（コラム4-1）の立山博物館を拠点に立山大会が開かれ、立山信仰と立山曼荼羅研究の歩みについての基調講演に招いていただいた。この前後から、立山博物館を拠点とした立山信仰研究は、飛躍的な発展を遂げることとなった。

二十一世紀に入り、羽黒町に、町立の「いでは文化記念館」が開館したので、会場としてお借りし、二度目の羽黒山大会を企画・実現することができた。折から、完成したばかりの仏教側の秋の峰の貴重な映像を北村皆雄監督のご協力で上映できたことは大きな収穫であった。

さて、高野山で修験学会大会が開かれたのは、一九八七年および二〇〇九年であり、ともに高野山大学教授であった日野西眞定先生のお世話をいただいた。先生は同じく高野山大学教授であった五来重先生の高弟であり、日本宗教民俗学会の代表委員も務められた。

高野山大学を退職後は、唯那職を長く務めておられた。この職は高野山において、真言宗本山のトップに次ぐ要職とされ、奥の院で生き続けているとされる弘法大師の御廟に食事をお供えする役職である。

そのように、日野西先生は、宗教上のみならず、研究者としても卓越した業績を残された方であった。その業績は宗教史にとどまることなく、広く民俗学の範疇を網羅するものであった。沖縄久高島で行われていた儀礼であるイザイホーの観察にも出かけられたことがあるとお聞きした。高野山の古地図を集大成された大部の書物である『高野山古絵図集成』（清栄社、一九八三年）の刊行にも尽力された。

女人禁制の研究では、高野山を事例に先駆的研究を手がけられたが、修験学会の場で、山内への女性の立ち入りを史料から主張された圭室文雄先生と議論されていたことが思い出される。最近の研究成果では、近世後期には結界に侵入する女性が存在し、女人禁制は綻びはじめていたとされ、両先生の痛み分けといってもよかろう。

その持ち前の行動力で、山寺立石寺で行われる儀礼を観察して、写真撮影をしたいとの連絡を受けて同行したことがあった。せっかく高感度フィルムを用意されたのであったが、どうも上手に撮影できなかったことは先生の心残りとなったようだ。その山寺立石寺で、二〇一九年度の大会を開催すべく、準備をはじめているのは、日野西先生とのご縁を改めて感じる次第である。折りしも、二〇一八年春に、「山寺が支えた紅花文化」が日本遺産に認定された。

先生は、この大会を見ていただくことなく二〇一六年十月三日に亡くなられたが、ご著書『高野山信仰史の研究』（岩田書院、二〇一六年）は二〇一七年度の日本山岳修験学会賞を受賞し、先生の娘さんが賞状を受け取られた。先生の最後の著書が受賞したことは学恩を受けた我々にとって大きな喜びであった。

第八章　成相寺参詣曼荼羅と天橋立図

天橋立（1994年8月　筆者撮影）

一　はじめに

本章は、丹後半島に所在する西国札所霊場寺院のひとつである成相寺の参詣曼荼羅（図8・1）を読み解く試みである。参詣曼荼羅という用語は、一九六八年に京都国立博物館で開催された「古絵図」特別展覧会に際して、概念規定が行われ用いられた学術用語である。その図録では、「この種曼荼羅図については、明確な概念規定を経なかったこともあって、従来、個々の作品についてその都度便宜的な名称が付されてきた。本稿で用いる社寺参詣曼荼羅図は、別稿総論において、景山春樹氏が、神社関係を参宮曼荼羅図、寺院関係を参詣曼荼羅図と呼んだものの一括総称と解していただいて差しつかえない」と述べられている。(注1)

さらに、「参詣曼荼羅図は、垂迹曼荼羅図の一種として、中世末期から近世初期にかけて登場した。その特異な景観内容と描写方式は、なおジャンルとしての特殊性を主張しているが、参詣という冠称のもたらす意味は、ことに、みすごせないように思われる。すなわち、画面に主役を演ずる参詣人は、きわめて現世的な色彩を帯びたものであり、当時これを需要した階層と同一の次元でとらえられていることが重視されるのである」と指摘されている。(注2)この特別展以降に、参詣曼荼羅研究が本格的に進められることとなったのであり、その果たした役割の重要性を改めて再確認しておきたい。

さて、成相寺は、十二世紀の『梁塵秘抄』に「四方の霊験所は、伊豆の走湯、信濃の戸隠、駿河の富士の山、伯耆の大山、丹後の成相とか。土佐の室生門、讃岐の志度の道場とこそ聞け」とあるように、古くは熊野三所権現を鎮守として祀ったが、次第に西国札所の観音霊場へと変化していった。(注3)

かつて、西国札所霊場寺院のいくつかに伝来する参詣曼荼羅についての比較研究の試みをまとめたことがあったが、(注4)ここでは、その後の参詣曼荼羅研究の動向を踏まえて、(注5)同一工房で作成されたと推定されている参詣曼荼

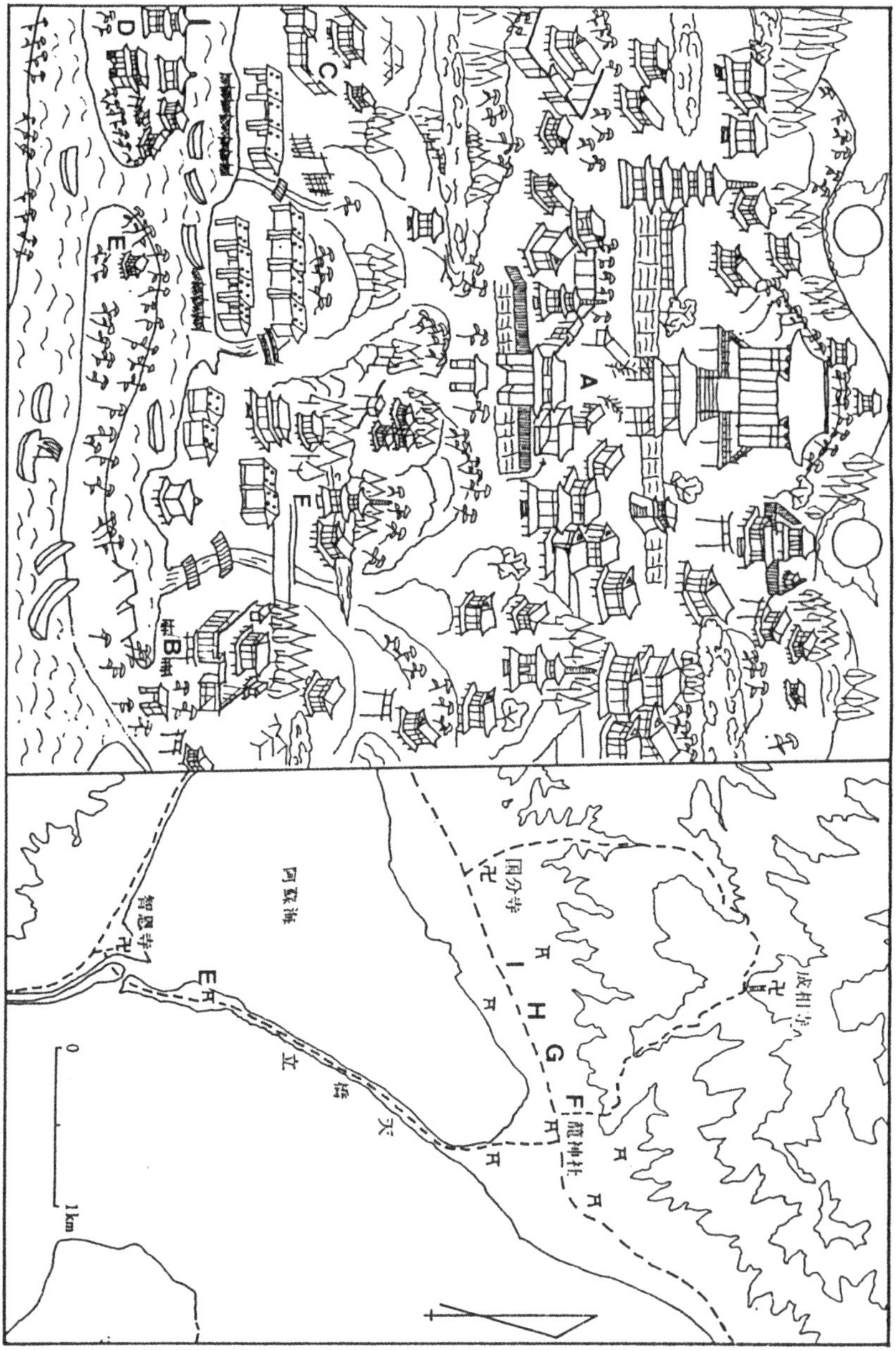

図8・1 「成相寺参詣曼荼羅」トレース図と立地

A 成相寺 B 籠神社 C 国分寺 D 智恩寺 E 橋立明神
F 大谷寺 G 慈光寺 H 安国寺 I 寳林寺

羅との比較、および同一地域を描いた絵画史料群との比較から、成相寺参詣曼荼羅の解読を試みることとしたい。

二　成相寺参詣曼荼羅の工房

下坂守によれば、(注6)成相寺参詣曼荼羅は、那智参詣曼荼羅闘鶏神社本・八坂法観寺参詣曼荼羅・施福寺参詣曼荼羅A本・善峰寺参詣曼荼羅・道脇寺参詣曼荼羅と同じ工房で作成され、その作成時期は十六世紀中後期と推定されている。

さらに、下坂は、成相寺参詣曼荼羅には、長命寺参詣曼荼羅や明要寺参詣曼荼羅と同じく、「木曳き」の風景が描かれており、これらは完成予想図として描かれた参詣曼荼羅であることを指摘した。

そこで、成相寺参詣曼荼羅と、前述の同一工房で作成された参詣曼荼羅群とを比較してみると、境内の建築物に同一の表現が数多く存在することが判明した。たとえば、成相寺の五重塔は八坂法観寺参詣曼荼羅の表現と共通し、仁王門は施福寺・道脇寺の表現と共通し、多宝塔は施福寺・善峰寺の表現と共通し、本堂は道脇寺の本堂に類似していることが指摘できる。

成相寺は永正四(一五〇七)年と天文十四(一五四五)年の二回、兵火によって焼失しており、(注7)下坂は、成相寺参詣曼荼羅は天文の再建勧進に関わって作成されたものと推定した。

ただし、成相寺に現存する最古の建築物は延宝四(一六七六)年に建立された鎮守である熊野権現社であり、本堂は慶長年間(一五九六〜一六一四年)に造立されたと伝えられることから、天文の再建勧進には、相当の時間を要したのかもしれない。

その慶長年間に再建されたという成相寺の伽藍は、寛永六(一六二九)年に焼失して現存しないため、果たして成相寺参詣曼荼羅に描かれた伽藍が、実際に完成したのかどうかは不明である。近世初期には本格的な復興には至っていなかった可能性も大きい。したがって、下坂の指摘のように、完成予想図として描かれた境内景観は架空の風景であったのかもしれない。

三　成相寺参詣曼荼羅に描かれた景観

成相寺参詣曼荼羅の画面は、上半部と下半部で、大きく描きわけられている（図8・1参照）。下半部は、大谷寺と籠神社を中心に、社寺や府中の町並みを描き、最下端には天橋立の砂洲と智恩寺を描いている。上半部には、成相寺の伽藍を大きく描き、その間は、ところどころ雲霞で隔てられており、参詣曼荼羅にしばしばみられる表現技法が特徴的である。

『宮津市史　絵図編』によれば、仁王門を入ってすぐの左手にある築地塀に囲まれているのは本坊の惣持院と考えられ、多宝塔がみえる。（注8）その左手の立派な建物は規模からして寺の要人の住居とみられる。さらに山門をくぐると、「礼堂」と貼り紙に記された舞台造りの巨大な建物があり、その右手には熊野権現の鳥居・拝殿・本殿があり、本殿には三つの懸仏が掛けられている。おそらくは熊野三所権現であろうか。山門の左脇には、五重塔が、右脇には鐘楼が描かれている。山門を抜けた左右には、立派な石灯籠が立てられている。

参詣曼荼羅の大きな特徴といえる人物表現に関しては、実にさまざまな人物の図像が描きわけられている。僧侶の姿は数ヶ所にしかみえないが、国分寺の境内で立って祈る姿以外は、成相寺の鐘楼の右下の坊舎の中と、舞台造りの巨大な建物の舞台上に複数の姿がみえる。右側の柱に落書きらしき行為をする人物も描かれている。

笈摺を着た巡礼者の姿は、画面のあちこちに描かれており、当時は既に観音霊場の巡礼地としてにぎわっていたことが知られる。その一方、成相寺の仁王門の手前左側を登ってくる黒マント状の衣装を身につけた高野聖や、籠神社から成相寺をめざす笈を背負った二人連れの山伏、天橋立のつけねを歩く琵琶法師の二人連れのような下級の宗教者は、周縁部に描かれている。ただし、例外的に熊野権現の鳥居前に描かれた山伏は、熊野修験を示唆する表現であろうか。

また、成相寺の仁王門手前の右側には、荷物を下ろして座り込む、いかにも疲れた姿の巡礼者が描かれ、その右手には画面中で唯一かと思われる女性の二人連れの参詣者が描かれている。母と娘が連れ立っての参詣なのかもしれない。仁王門をくぐった右手には、参詣者に飲み物を渡す姿が描かれており、いわゆる一服一銭の茶売りかと想像される(注9)。

画面下部の阿蘇海の沿岸には、石置き屋根の町屋が建ち並ぶ景観が存在し、参詣者向けに商売を営む姿が描かれている。建物内に座って商売する人物の中には、女性の姿も見受けられる。立って、お客を勧誘しているようなしぐさもみられる。これらの町屋は、国分寺の手前に描かれている柵をめぐらした関所のような門や、川を渡る橋によって、社寺境内の聖域と区切られている。

さらに、阿蘇海の沿海では、網をめぐらせたり、漁船を使って漁労に従事する漁民の姿も描かれる。海に面して入口のある「舟屋」に似た構造の家屋も描かれている(注10)。天橋立の外海には、参詣者を乗せた船や米俵を積んだ船も描かれている。米俵は、荘園で収穫された米を社寺に奉納するものかもしれない。

四　天橋立図に描かれた成相寺

永正の焼失以前の中世の成相寺を描いている唯一の絵画が、国宝に指定されている雪舟の「天橋立図」である。近年、この作成年代をめぐる議論が盛んに展開されている。従来は、智恩寺多宝塔の建立が明応九(一五〇〇)年であることから、雪舟が八十一歳以降に描かれた作品であるとされてきたが、六十二歳の時に美濃へ旅した前後

に丹後にも立ち寄って描いたのではないかとする説が浮上している。（注11）

いずれにしても、当地の実景描写であることは確かで、成相寺に三重塔・山門・本堂をはじめ、三十軒ほどの坊舎が存在していたことが知られる。この図中で、朱色に塗られている建物は、智恩寺と大谷寺の宝塔・籠神社および成相寺のみであり、強調されているものと考えられる。

また、籠神社と国分寺の間には、慈光寺・安国寺・寶林寺が描かれているが、成相寺参詣曼荼羅には、これらの寺院の表現はみえず、戦乱によって焼失したものとも考えうるが、真言宗以外の寺院を省略した可能性もありうる。

一方、成相寺を描いた江戸時代の絵画史料として、天橋立図屛風がいくつも存在するが、（注12）いずれも智恩寺は詳細に描かれているものの、成相寺は右上端に簡略化して表現されるにとどまり、果たして寛永年間に焼失する以前の境内景観が、どのようなものであったのかは判然としない。

それに対して、比較的、成相寺の境内を詳しく描いた絵図として、享保九（一七二四）年「与謝之大絵図」（成相寺所蔵）をあげることができる。（注13）この絵図には、二王門（ママ）から石段を登った境内に、成相寺の本堂と、その右手に熊野権現社、その奥に子安地蔵堂が描かれている。二王門の周囲には、坊舎らしき建物が五軒ほど描かれてはいるものの、境内には前述の三つの建物以外には小さな小屋があるのみで、とうてい参詣曼荼羅に描かれたような華麗な伽藍からはほど遠い景観でしかない。

以上のように、管見の限りでは、近世期の成相寺の境内景観の変遷に関する十分な資料を得ることはできなかったが、さらなる絵画史料および古文書史料を活用した調査研究を進める必要があろう。

五　おわりに

以上、参詣曼荼羅の研究史をふりかえりながら、成相寺参詣曼荼羅に関する考察を試みた。この参詣曼荼羅を含めて、具体的な事例研究に乏しい参詣曼荼羅は、いくつも存在する。本章では、成相寺参詣曼荼羅の全体像を把握することを試みたが、近世の絵画史料は数多く残されていることから、参詣曼荼羅の今後の事例研究の進展によって、参詣曼荼羅研究の新たな時代が到来することを期待して、結びとしたい。

注

(1)武田恒夫「社寺参詣曼荼羅とその背景」京都国立博物館『古絵図特別展覧会図録』、一九六九年。
(2)前掲注(1)参照。
(3)高倉瑞穂「成相観音霊験譚の一考察」佛教大学大学院紀要　文学研究科篇三九、二〇一一年。
(4)拙稿「西国霊場の参詣曼荼羅にみる空間表現」水津一朗先生退官記念事業会編『人文地理学の視圏』大明堂、一九八六年(『本尊巡礼　講座日本の巡礼　第一巻』雄山閣出版、一九九六年に再録)。
(5)西山克『聖地の想像力――参詣曼荼羅を読む――』法藏館、一九九八年。下坂守『描かれた日本の中世――絵図分析論――』法藏館、二〇〇三年。大高康正『参詣曼荼羅の研究』岩田書院、二〇一二年。
(6)前掲注(5)下坂著書参照。
(7)地主智彦「成相寺参詣曼荼羅」『京都の文化財　第十五集』京都府教育委員会、一九九七年。
(8)宮津市史編さん委員会編『宮津市史　絵図編』宮津市、二〇〇五年。
(9)難波田徹「絵画にみる庶民の飲茶風俗――社寺参詣曼荼羅図を中心に――」『茶道聚錦　二　茶の湯の成立』小学館、一九八四年。難波田徹・筒井紘一「社寺参詣曼荼羅図に見る一服一銭」淡交四〇-二、一九八六年。

(10)上杉和央「絵画作品に描かれる天橋立について」天橋立世界遺産登録可能性検討委員会編『「天橋立学」への招待――〝海の京都〟の歴史と文化――』法藏館、二〇一七年。
(11)島尾新編『朝日百科　日本の国宝　別冊　国宝と歴史の旅十一　「天橋立図」を旅する　雪舟の記憶』朝日新聞社、二〇〇一年。
(12)若杉準治監修『智恩寺と天橋立』天橋山智恩寺、一九九九年。
(13)前掲注(12)参照。

コラム８　難波田徹先生と参詣曼荼羅

葛川絵図研究会が葛川絵図の調査を開始した頃、絵図は京都国立博物館に寄託されており、当時は館員であった下坂守先生にお願いして、何度か熟覧させていただいた。その折に紹介いただいたのが、同じく館員であった難波田徹先生であった。

難波田先生が京博に職を得られてすぐ最初に担当されたのが「古絵図特別展」であったという。この特別展で初めて「参詣曼荼羅」という学術的ジャンルが定義づけられ、その展示と図録の解説を担当されたのが、難波田先生であった。

私自身の研究テーマとして、前述の立山曼荼羅研究から、参詣曼荼羅研究へと踏み出すことになったのは、難波田先生の知遇を得ることになったからである。京博、そして学芸課長として着任された彦根城博物館、さらに帝塚山短期大学教授となられてからも先生を訪ねて、参詣曼荼羅談義を繰り返したのは、夢のような楽しく懐かしい思い出となった。

水津一朗先生の退官記念論文集に、西国霊場の参詣曼荼羅に関する拙稿を謹呈させていただいたが、出羽三山関係以外では、おそらく最もよく引用される論文となっている。その当時は参詣曼荼羅の閲覧や写真撮影ないし写真の入手が、かなり困難であったが、折りしも大阪市立博物館で開催された参詣曼荼羅の特別展は充実したものであり、カラー図版を満載した図録の出版によって、参詣曼荼羅の研究環境は飛躍的に改善された。

そのしばらく後に、難波田先生から、戦時中に刊行された『神社古図集』を復刊させて、さらに続編を刊行したいとの意向をおうかがいして、編集のお手伝いをすることになった。ちょうどバブル景気の頂点の時代であり、それでなければ、この復刊は不可能であったと思われる。

旧版の編集を担当された建築史の権威である福山敏男京都大学名誉教授が当時はご健在で、難波田先生に連れられて面会したことを覚えている。とはいえ、旧版の再版はともかく、続編の編集は、大阪市立博物館の特別展の直後とあって、新発見の参詣曼荼羅や社寺絵図を収録することは、なかなか厳しいものがあった。その隘路を突破して、刊行に至ったことは貴重な経験となった。

その頃から、国立大学では教養部の改組が喫緊の課題となり、その対応に時間を割かれることとなった。山形大学教養部では、第一案として教養部の学部化案をまとめあげたが、全学の賛同が得られず、当時の学長裁量で分属が決定した。その学長は名古屋出身で、親戚筋が立山曼荼羅をふたつ所有しておられ、葛川絵図研究会でも現地調査を実施したことは奇縁であったといえようか。

改組の少し前に、私は山形大学職員組合教養部支部の書記長を務めており、組合としても改組問題に取り組んでいた。一九九五年五月一日のメーデーの当日に当時の教養部三号館の一角にあった組合室の資料整理を行っていた頃、難波田先生は他界へと旅立たれた。

難波田先生から、アドバイスをいただくことができなくなって、私の参詣曼荼羅研究も行き詰ったのかもしれない。足利健亮先生の追悼論文集への寄稿が最後となってしまったが、本書には人文地理学会で研究発表した丹後成相寺参詣曼荼羅について成文化することとした。難波田先生の学恩に少しでも報いることができれば幸いである。

先生のご逝去後、先生のご子息が岡山大学で地理学を学ばれ、大学院修士課程在籍時に日本地理学会大会で研究発表をされた。その席上で、あいさつして先生の思い出をお話しできたことは得がたい機会であった。

第九章　国絵図にみる霊山の表現

内陸側から見た月山（2017年7月　筆者撮影）

第一節　本州の国絵図にみる霊山の表現

一　はじめに

本節においては、諸国の国絵図に描かれている霊山の表現について、国ごとに、あるいは国絵図の作成年代ごとに比較検討することを目的としたい。

この十数年来、葛川絵図研究会、さらには国絵図研究会の絵図見学の場において、全国各地で国絵図を観察する機会に恵まれてきた。その過程で、筆者の研究領域である山岳信仰研究との関連から、国絵図には霊山がどのような姿と形で描かれているのかに、絶えず関心を持ち続けてきた。

さらに、蔵王県境裁判の証人として仙台高裁に出廷する機会があり、その過程において国絵図に描かれた蔵王山の表現が争点のひとつとなったこともあり、国絵図に描かれた山岳表現によりいっそうの注目を抱くようになった。(注1)

そこで、出羽国絵図にとどまらず、広く諸国の国絵図に山岳信仰の霊山がどのように表現されているかを比較検討してみることとし、以下で、具体的な考察を試みることとしたい。

なお、本来は言及する国絵図の写真を文中に掲載すべきであるが、紙数や印刷面の制約もあるため、該当する国絵図の写真版の掲載されている文献の引用に留めることをお許しいただきたい。

二　大和国絵図における山岳表現と霊山表現

従来の国絵図研究においては、山岳表現と霊山表現の問題が独立して取り上げられることはなかった。しかし、最近になって小田匡保による興味深い論文が発表された(注2)。

この論文においては、山岳聖域としての大峰の表現について幕府撰の正保・元禄・天保国絵図と、初期の刊行国絵図である享保版「大和国細見図」を比較して、「大和国細見図」は元禄国絵図から地理的情報を得たものと結論づけている。

また、元禄国絵図では正保国絵図に比べると、大峰山系南部の地理的情報が減少しており、そのために「大和国細見図」においては大峰山系北部の山々と南部の山々が別個に存在しているがごとき表現になっていることが指摘されている。霊山の表現も、正保国絵図では険しい岩塊の絵を橙色で多く描き込んであるのに対して、元禄国絵図では岩塊は丸みを帯びて薄い水色でやさしく描かれているという。論文中のトレース図や写真をみても、明らかに正保国絵図の個性的な霊山表現が元禄国絵図では薄められている。

一方、元禄国絵図と「大和国細見図」において、大峰への登山路は山麓の洞川《どろがわ》から延びる道が山上の蔵王堂にまで達しているが、正保国絵図には大峰への登山路は描かれていない。

三　諸国国絵図における霊山表現の比較

では、小田が指摘したような霊山表現の特徴を諸国国絵図において比較検討する作業を以下で進めてみよう。

筆者が国絵図における霊山表現の特徴に最初に気づいたのは、越前国絵図における白山の描写であった。この点については、「なお、興味深いことであるが、白山だけはどの図も一般の山とは区別し白色で彩色している(注3)」との指摘が既になされている。
白山という山の地名そのものが、万年雪を抱いた山容に由来するものとされるが、国絵図においては霊山を一般の山とは区別して白色で彩色するという特徴が共通してみられる。筆者は、この表現を固有の山名と区別するために「白き山」と本稿では仮称することとしたいが、この「白き山」が描かれた諸国の国絵図の事例を列挙してみよう。
北陸では、越中国絵図における立山の表現が「白き山」に該当する。「越中国四郡絵図」にみる立山の表現は白色で彩色されるにとどまらず、白く描かれた前山の背後にごつごつとした岩山が雪を頂いて表現され、「立山」との文字注記がなされている。(注4) さらに、その左方には岩峰の林立する山塊が描かれ、この表現はおそらく地獄の針の山としての剱岳であると思われる。(注5)
東北に移ると、出羽国絵図においては、月山および鳥海山、それに加えて堂々たる山容で描かれる森吉山（白い彩色はやや弱い）を「白き山」の例にあげることができる（「出羽一国御絵図」秋田県立公文書館蔵、正保国絵図）。陸奥国絵図においては、「津軽領絵図」に描かれた岩木山、(注6) および「盛岡藩正保国絵図控」に描かれた岩手山をあげることができるが、この絵図には早池峰山《はやちねさん》とその支峰も「白き山」として描かれており、その一方で栗駒山は丸みを帯びた特徴的な山容で描かれてはいるものの白い彩色は施されていない。(注7)
関東では、常陸国絵図において、筑波山が特徴的な山容で描かれてはいるものの白い彩色は施されていない。(注8) 関東における「白き山」の代表例は、やはり富士山である。「正保駿河国絵図」には、広大な裾野を森林で覆われた富士山が山頂付近に白く雪を頂いた表現で描かれており、(注9) 同様の表現が「甲斐国絵図」にもみられる。(注10)
さて、信濃国絵図に移ると、元禄国絵図においては御嶽山や戸隠山などが特徴的な山容で描かれはするものの、「白き山」としては描かれていない。ただ、宝暦年間の「東山道信濃国略図」には、これらの山々が「白き山」

として描かれ、浅間山は噴煙をあげて描かれている。[注11] 一方、天保三（一八三二）年の飛騨国全図にも、御嶽山や乗鞍山などが「白き山」として描かれている。[注12]

ところで、東日本の国絵図には上述のように、数多くの「白き山」の表現がみられるが、西日本の国絵図になると、「白き山」の表現が影を潜め、わずかに伯耆国絵図における大山の表現をあげることができる程度にとどまる。[注13] 和泉国絵図においては、金剛山や葛城山が特徴的な山容で描かれるが、「白き山」の表現はとられていない。西日本の霊山の多くは標高が高いとはいえず、積雪も少ないことから「白き山」の表現がみえないとも考えられるが、九州の英彦山のように国絵図で彩色を確認できなかった事例も残されていることから、東日本と西日本の霊山表現の差異に関する結論については今後の研究の進展にゆだねることとしたい。

四　国絵図における作成年代による霊山表現の差異

前項では、東日本と西日本における国絵図の霊山表現の差異について言及したが、慶長・寛永・正保・元禄・天保の国絵図の作成年代による霊山表現の差異が存在するのかどうかについて、以下で検討を加えてみたい。

この点については、阿波国絵図および南部藩領陸奥国絵図において、次のような指摘がなされている。

まず、阿波国絵図については、「国絵図では山陵線は俯瞰描写されるが、とくに象徴的な山については屹立させた図像表現がとられている。徳島県の山を代表するのは剣山であるが、剣山が初めて国絵図に図示されるのは図Bの寛永国絵図で、「剣ヶ峰」と表記されている。図Aでも三好・美馬・那賀郡の郡境付近に剣山と思われる山の稜線が描かれてはいるものの、名称を冠せず、図C以下の国絵図に顕著なように屹立する高峰としては表現されてはいない。剣山は近世に入ってから信仰登山が盛んになるが、こうしたことが剣山の表現に変化をもたらせたといえよう」との指摘がある。[注14]

次いで、南部藩領陸奥国絵図については、岩手山の表現を取り上げ、「元禄と天保の国絵図には、噴煙をあげる岩手山が描かれている。ところが、およそ五十年前の正保国絵図には岩手山の噴煙はない。岩手山の江戸時代における大規模な噴煙活動は、貞享三年(一六八六)と享保十六〜十七年(一七三二)にあったとされる。貞享以前に正保国絵図を作成したとき、人々は岩手山が噴火するという認識は薄かった。しかし、元禄国絵図作成の十年前に起こった岩手山の噴火活動は、人々の脳裏にしっかりと焼きついていたに違いない。天保国絵図は元禄のものを写したため、岩手山は元禄同様に噴煙をあげている。しかし、享保にも噴火を体験した人々は、百年をへた天保の時代にも、火山岩手山の脅威を忘れることがなかったのではないか。現実の岩手山が噴煙をあげていたというより、絵図を描く人の認識が岩手山に噴煙を描かせたのではないだろうか」との指摘がなされている(注15)。

この両者の指摘は絵図表現に関する興味深い問題提起として評価しうるものではあるが、国絵図における作成年代ごとの霊山表現の差異に関しては、いささか例外的なものであるとみなしたほうがよかろう。

すなわち、一般論で言えば、国絵図の表現は時代が下がるごとに、記号化が進み、それに対応して個性的な表現が影を潜めていく傾向にある。とりわけ、元禄国絵図の作成においては、幕府の指示によって狩野派の絵師が全国的に関与したために、諸国の国絵図における表現形式はかなり統一された様式となり、それ以前の各国ごとのオリジナルな表現形式は大幅に薄れてしまった。また、元禄国絵図の場合は、その作成目的のひとつに諸国の国境を明確にすることがあって、山容の表現よりも国境や峠越えの道路に関する情報に力点を置いたため、霊山の個性的な表現が影を潜めたとも考えられる。

したがって、国絵図における霊山表現の考察を行う場合には、どちらかといえば正保までの初期の国絵図を比較検討したほうが実り多い成果が得られると考えられよう。

たとえば、出羽国絵図においては、正保国絵図では雄大な月山・鳥海山・森吉山の「白き山」の描写がみられるのに対して、元禄国絵図では月山・鳥海山の表現は定形化した没個性的描写となり、とりわけ森吉山については、南部藩との国境問題もからんで、独立峰としての表現が消滅して連山のひとつとしての描写となって「白き山」としての表現は失われるに至る。

前述の小田論文が扱った大和国絵図における大峰山の表現の場合も同様であり、先にも触れたように正保国絵図の個性的な霊山表現が元禄国絵図では明らかに薄められている。

ただ、慶長・寛永・正保・元禄・天保の国絵図を通絵図的に比較検討が可能な事例がほとんどなく、筆者の手元に適当なカラー図版も持ち合わせないことから、詳細な論及は今後の課題となるが、越前国絵図における白山の描写をみても、慶長国絵図の表現に比べれば、それ以降の国絵図においては没個性的表現に変化しており、共通性が認められる。(注16)

なお、阿波国絵図についても、筆者の徳島大学付属図書館での観察では、正保国絵図における剣山の「白き山」としての表現が、それ以降の国絵図においては没個性的表現に変化しているとみなしたが、平井論文(注17)で紹介されている阿波国絵図のすべてを観察してはいないため、剣山の表現が例外に相当するかどうかの結論についても、今後の課題としておきたい。

五　国絵図に描かれた霊山の禅定道

最後に、大和国絵図における大峰山の例で触れた禅定道(登山道)の問題を検討したい。国絵図に霊山の禅定道が、どの程度描かれるかという点については、従来の研究では取り上げられていない。

「はじめに」で触れた蔵王山の例では、秋田県立公文書館蔵の正保の「出羽一国御絵図」においては、一部欠損があるために不明な部分もあるが、山頂までの登山道は描かれていないようであり、途中で止まっている表現とみることができる。図中に記載されている上山城下からの距離は、蔵王山頂までの登山道の距離としては短すぎるため、おそらくは「お清水（おしず）」と称される湧水地点までの距離であろうと想定される。というのは、この地点が近世における女人結界であったとされ、いわば一般庶民が自由に通行可能な道路はここまでであったからである。つまり、近世の信仰登山には、いくつかの前提条件が存在していた。そのひとつが女人禁制であり、女人結界より上には成人男性しか登ることが許されなかった。もうひとつは登山時期の制限であり、お山開きからお山終いまでの夏季の数カ月間しか登山が認められていなかった。さらに、山先達による案内が不可欠とされ、個人が自由に登山することは許されず、必ず山先達をともなった団体登山の形がとられていた。これらの規則を遵守するために、出羽三山においては禅定道に沿って、「御番所」や「切手改所」が置かれていた。(注18)

一方、国絵図に描かれる道路は、いわば幕府が公認した街道であり、一般庶民の自由な通行が保証されるものであったといえよう。その観点からすれば、国絵図に霊山の禅定道を表現することは、前述の近世の信仰登山の実態に照らせば相反することとならざるをえない。そのために、国絵図においては霊山の禅定道を積極的に描くことは遠ざけられたのではなかろうか。

この仮説について具体的に検証すると、慶長の越前国絵図での白山の描写に際しては、道路は風嵐村の次の「湯」という地点で止まっている。この国絵図において村の位置を示す俵形の表現には通常なら明記されている石高が記載されず、村名もない単なる「湯」という地名表記にとどまっている。おそらくこの地点は現在も白山温泉の存在する市ノ瀬であると思われ、この付近に女人結界がかつては存在していた。

さらに、正保の出羽国絵図においても、月山には登山道はみえず、鳥海山には数カ所の登拝口から延びる登山道のうち、山麓の蕨岡口からの登山道が唯一描かれている。駿河国絵図においても、富士山の登山道は富士宮口からの登山道のみが描かれている。(注19)ただ、甲斐国絵図には吉田口からの登山道に加えて、山頂付近で分岐する須走道が描かれているが、[注20]この国絵図は文化年間のもので、後世に付加された表現とも考えられる。

具体例の検討が十分とはいえないが、以上の分析から、国絵図においては霊山の禅定道が積極的に表現されることは少なく、その描写が存在する場合でも、女人結界地点までの表現にとどまったり、複数の登山道が存在する場合でも一本のみを描くにとどまることが明らかになった。

やはり近世の信仰登山の道は、一般庶民が自由に通行できる街道ではなく、とりわけ藩境や国・郡境を越えて登山道を表現することには強い抵抗が存在したものと想定されよう。

六　おわりに

以上のように、本節においては諸国の国絵図に描かれる霊山の表現に関する比較考察を試みた。筆者の手元にある諸国の国絵図の写真版、とりわけカラー図版が限られるため、十分な検討ができずに終わった部分が少なくないが、とりあえず山岳信仰研究と国絵図研究の接点となる領域において、いくつかの問題提起をすることができた。

すなわち、霊山は「白き山」として国絵図に表現されるが、東西で若干の差異が存在すること、そして慶長・正保国絵図には個性的な霊山表現が多くみられるが、元禄国絵図では画一的表現に変化していくこと、さらに国絵図には霊山の禅定道が積極的には描かれないこと、の三点を確認することができた。この指摘をもって、本節の結びとしたい。

とはいえ、今後の課題として残されたものは大きく、また少なからぬ曲解も文中に点在することかと思われるため、多面的なご教示ご批判をいただければ幸いである。

第二節　四国および九州の国絵図にみる霊山の表現

一　はじめに

本節では前節では十分な考察のできなかった四国および九州の事例を中心として、前節での議論を補足することを目的としたい。

二　四国における霊山の表現

四国における国絵図に描かれた霊山の表現については、前節で阿波国における剣山の事例を紹介したが、本節では伊予国における石鎚山の事例を報告したい。

石鎚山は西日本随一の高峰であり、平安末期の『梁塵秘抄』では大峰・葛城と並ぶ聖の住処とされ、その信仰圏は四国一円から瀬戸内海対岸の山陽地方にまで広がっているため、国絵図においても何らかの象徴的表現がとられていることが期待される。

ところが、伊予国絵図の伝来状況は必ずしも十分とはいえず、筆者の実見した愛媛県歴史文化博物館所蔵の伊予国絵図は部分的なものであり、残念ながら石鎚山周辺の地域が欠落しており、その情報を得ることはできなかった。それもあって、伊予国絵図の原本で石鎚山の表現を確認できたのは、大分県臼杵市立図書館所蔵の伊予国絵図のみであった。

この国絵図は表現が若干は簡略化された写本ではあるが、石鎚山の表現は山陵線を何本も描き加えて、ごつごつとした雰囲気を巧みに描き出しており、それ以外の山地とは明らかに区別されて描き分けられていることが明らかである。しかし、彩色は緑色と黄色が使われているのみで、周辺の山地の彩色とさほど大きな差異はみられず、前節で指摘した、いわゆる「白き山」としての霊山表現はとられていない。

なお、松山城所蔵の伊予国絵図の写真が『江戸時代人づくり風土記　愛媛県』（一九九七年）(注21)の巻頭口絵に掲載されているが、その石鎚山の表現も、臼杵市立図書館所蔵本とほぼ同様の傾向を有している。伊予国絵図は大洲市内にも所蔵されているとのことで、今後に閲覧の機会があれば、ぜひ比較検討したいものである。

三　九州における霊山の表現

九州随一の霊山であり、出羽国の羽黒山と並んで徳川幕府から地方修験の本山として認められた英彦山が、国絵図ではどのように描かれているのか関心を抱き続けてきたが、前節の段階では彩色のある豊前国絵図の写真すら実見することができなかった。

そこで、今回の調査研究の目標のひとつは、この英彦山の絵図表現を確認することであったが、まず『福岡県史資料』第五輯の付図として「元禄十四年豊前国」絵図が添付されており、それによれば、「彦山権現」の文字注記とともに堂舎三宇が描かれ、「豊前坊」の文字注記もみえる。英彦山の彩色は周辺の他の山地と同様の描き方がなされており、「白き山」としての霊山表現は全くとられていない。一方、豊前国において英彦山と並ぶ霊山として知られる求菩提山《くぼてさん》には堂舎一宇がみえるのみである。

なお、千葉県佐原市の伊能忠敬記念館所蔵の「諸国大地図」中の豊前国絵図（正保国絵図の写本か）においても、同様の絵図表現がとられていることが確認された。

さて、この伊能忠敬記念館所蔵の「諸国大地図」中の九州諸国の国絵図を実見する機会が得られたので、霊山の表現に関わる点を簡単に指摘しておきたい。まず、豊前国絵図と豊後国絵図においては、滝の表現が数箇所で強調されて描かれていることが注目される。日本各地の霊山には、那智の滝や日光華厳滝《けごんのたき》など、山岳信仰に関わる滝がしばしば存在するが、管見の限りでは、越中国絵図に立山の称名滝が描かれる程度で、(注22)国絵図に著名な滝が描かれることはあまり一般的とはいえない。その意味で、豊前国絵図と豊後国絵図にみられる滝の表現は注目に値するが、目下のところ山岳信仰との関わりは明らかではない。

それに対して、これらの九州諸国の国絵図の表現で目を引くのは火山の表現である。肥後国絵図には阿蘇山の噴火の描写が、(注23)薩摩国絵図にはトカラ列島の噴火の描写が、大隅国絵図には桜島と永良部(口永良部島)の噴火の描写がみられる。陸奥国南部領絵図には岩手山の火山噴火が描かれていることについては前節で既に指摘したが、九州諸国の国絵図にこれだけ多くの火山噴火が描かれていることは注目されよう。

ただ、トカラ列島と口永良部島については、山岳信仰との関連よりはむしろ狼煙としての役割であったと解釈できよう。すなわち、近現代の灯台に代わるものとして、夜も火を噴いていた火山が航海の目印とされたのではなかろうか。それゆえに、国絵図にも描かれたものと想定される。

ところが、桜島については、それだけでは解釈しきれない。というのは、桜島には「御嶽」との文字注記がみられ、それは桜島が霊山であることを意味するものであろう。阿蘇山の噴火表現も、おそらく同様に山岳信仰と密接な関連を有するものであろう。(注24)

ところで、火山ではないが、屋久島の中央部の高峰にも「御嶽」との文字注記がみられ、この記載も山岳信仰と密接な関連を有すると想定される。

以上のように、九州諸国の国絵図においても、山岳信仰との関連を有すると想定される霊山の絵図表現が存在することが明らかとなった。

四　おわりに

以上、四国と九州の国絵図における霊山の表現について、一九九九年からの二年間の調査で実見しえた成果を簡単にまとめてみた。

四国と九州の国絵図においては、前節で指摘することのできた「白き山」としての霊山表現は存在しないことが確認され、西日本における霊山の表現は、伯耆大山を例外として一般的にはみられず、東日本における霊山の表現とは対照的であることが結論づけられたといえよう。

なお、前節で言及した大和国大峰山の絵図表現をめぐっては、小田匡保「大和国絵図に描かれた大峰――山岳聖域に関する地理的知識伝播の一例――」（一九九八年）[注25]に対して、礒永和貴「江戸幕府撰大和国絵図の現存状況と管見した図の性格について」（一九九九年）[注26]が刊行され、さらに、小田匡保「大和国絵図諸本の系譜について――大和国絵図に描かれた大峰・再論――」（二〇〇一年）[注27]が刊行されたことを付記して稿を終えたい。

注

（1）佐藤欣哉・岩鼻通明「蔵王県境移動国賠事件――31年目の逆転勝訴の意義――」日本の科学者三〇-一〇、一九九五年。

（2）小田匡保「大和国絵図に描かれた大峰――山岳聖域に関する地理的知識伝播の一例――」駒沢地理三四、一九九八年。

（3）『福井県史　資料編十六上　絵図・地図』一九九〇年。

（4）『江戸時代図誌　第十三巻　北陸道二』筑摩書房、一九七七年。

（5）拙稿「立山マンダラにみる聖と俗のコスモロジー」葛川絵図研究会編『絵図のコスモロジー　下巻』地人書房、一九八九年。
（6）『江戸時代図誌　第八巻　奥州道二』筑摩書房、一九七七年。
（7）岩手県立博物館編『絵図にみる岩手』岩手県文化振興事業団、一九九四年。
（8）『絵図の世界――ふるさとの風景の移りかわり――』土浦市立博物館、一九九二年。
（9）『江戸時代図誌　第十五巻　東海道二』筑摩書房、一九七七年。
（10）『江戸時代図誌　第十巻　中山道一』筑摩書房、一九七七年。
（11）『信濃国絵図の世界』長野市立博物館、一九九八年。
（12）『江戸時代図誌　別巻一　日本国尽』筑摩書房、一九七七年。
（13）前掲注（12）。
（14）平井松午「阿波の古地図を読む」徳島建設文化研究会編『阿波の絵図』一九九四年。
（15）前掲注（7）。
（16）前掲注（3）。
（17）前掲注（14）。
（18）拙著『出羽三山の文化と民俗』岩田書院、一九九六年。
（19）前掲注（9）。
（20）前掲注（10）。
（21）『江戸時代人づくり風土記　愛媛県』農山漁村文化協会、一九九七年。
（22）高瀬重雄『越中の絵図――文化史への叙情――』巧玄出版、一九七五年。
（23）肥後絵図展実行委員会編『肥後の絵図』熊本日日新聞社、一九九一年、所収の国絵図類では阿蘇山の噴火の描写をはっきりとは確認できない。
（24）石飛一吉「屋久島における山岳信仰圏の研究」鹿児島地理学会紀要二二-二、一九七六年。

(25) 前掲注(2)。
(26) 礒永和貴「江戸幕府撰大和国絵図の現存状況と管見した図の性格について」奈良県立民俗博物館紀要一六号、一九九九年。
(27) 小田匡保「大和国絵図諸本の系譜について――大和国絵図に描かれた大峰・再論――」歴史地理学四三-五、二〇〇一年。

コラム 9

渡辺茂蔵先生と山形大学教養部

山形大学教養部地理学研究室の基礎を築かれたのは、渡辺茂蔵先生である。先生は旧制山形高校を卒業され、旧制京都帝国大学文学部で地理学を専攻された。当時は戦時体制に突入する時期で、地政学が全盛を迎えつつある時代であった。

同級には、戦後に地理学教室の主任教授となる織田武雄先生や内田秀雄先生、別技篤彦先生など、戦後の地理学界を支えられた先生方が多くおられた。

教養部の前身は旧制山形高校であり、戦後の新制大学発足にあたり、文理学部となって、さらに人文学部・理学部・教養部の三つに改組された。

それのみならず、終戦前年に開校した山形青年師範学校があり、戦後にその教員の多くは教育学部に移ったが、若干名は文理学部へ移行したようで、渡辺先生もそのお一人であった。折りしも、引揚者が開拓地へ移住した時期であり、渡辺先生の研究テーマは開拓村落となった。

渡辺先生とともに地理学研究室を支えられたのが、奈良大学へ移られた坂本英夫先生で、渡辺先生の後任が富山大学へ移られた浜谷正人先生、坂本先生の後任が樋口忠成先生であり、私は浜谷先生の後任として赴任することとなった。

今思えば、教養部は、まさに学問の自由と大学の自治を謳歌できた稀有な組織であったといえよう。若き日に、このような組織において自由な雰囲気の中で、研究教育を担当できたことに感謝したい。

渡辺先生は退官後も、東北学院大学経済学部で経済地理学を長く担当された。お聞きしたところでは、着任してから定年の規定ができたので、定年はないとのことだった。誠にうらやましい古き良き時代であった。二〇〇一年十月上旬に三ヶ月余りの韓国派遣から帰国して、研究室でたまりにたまった郵便物や書類の整理に追われていると、電話が鳴った。それは、渡辺先生ご逝去のご遺族からの一報であった。

折りしも、東北地理学会秋季大会の開催中で、すぐに開催校の岩手県立大学に電話して、米地文夫先生に訃報をお伝えした。先生のご実家は、山形市南端に位置する羽州街道の宿場であった黒沢の庄屋も務めた旧家であった。その黒沢の菩提寺に先生は眠っておられる。

第十章　村絵図にみる宗教景観

――米沢藩領中山村絵図覚書

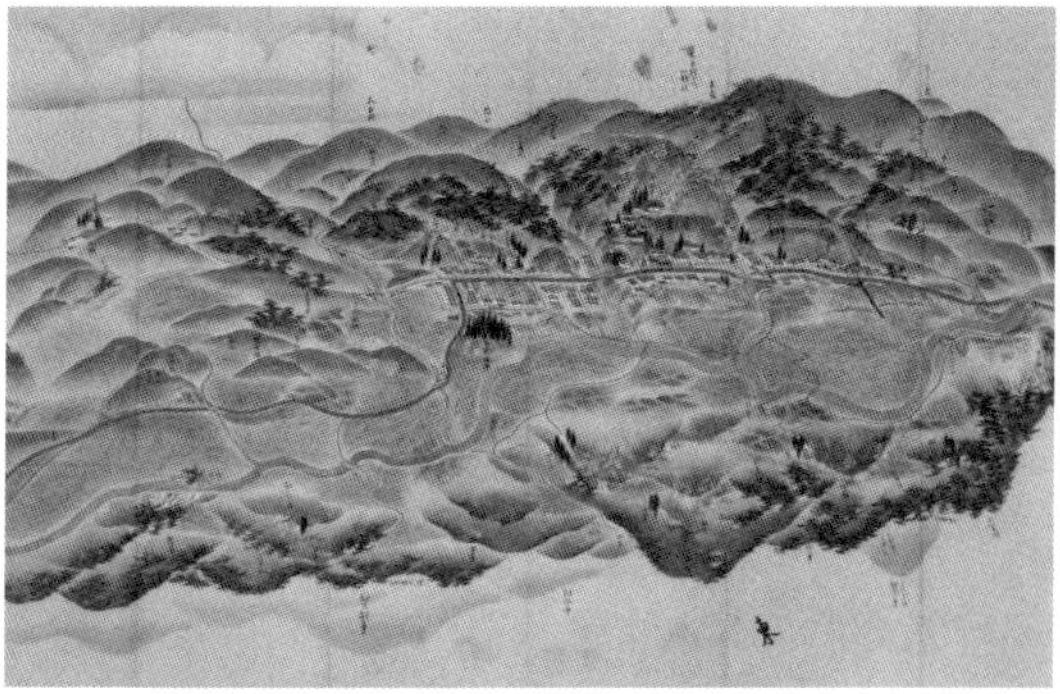

上杉文書「御境諸口絵図」のうち、中山村（筆者撮影）

第一節

一　はじめに

本節は、山形県上山市中山地区を描いた「村絵図」に関する考察である。本節の構成は、まず「村絵図」の概念規定および研究史について述べる。次いで、フィールドとなる中山地区の概要について述べる。そして、中山村絵図に描かれた景観に関して、現地比定および景観復原を試みる。最後に近世期の中山村が近代以降に、どのように変貌したか、という景観変遷について言及する。

二　村絵図の研究史

村絵図に関する先行研究として、古典的ともいえる木村東一郎の著作を、まずあげることができる。(注1) 本書では、近世の村絵図に関して、境界設定・検地・領地替・水害・村類焼といった作成契機ごとの考察が行われている。

この作成契機については、石井修によって、より詳しく、検地・支配替・巡見使廻村・分間延絵図作成・地誌取調・国絵図改・御料所改革・その他、に分類されている。(注2)

また、木村は村絵図について、「江戸時代の初期より、明治の初期にかけて各年代を通じ、しかも、各村々において村絵図は作成され、地方文書と共に現存し、各地で散見することができる」と述べ、概念規定を行った。(注3)

本論文においても、木村の定義を援用し、近世藩政村の領域を描いた大縮尺絵図を村絵図と位置づけておきたい。

ところで、村絵図に関する個別論文は、さほど多いとはいえないが、本論文に関わる問題提起として、岩崎公弥の論文をあげることができる。(注4)この論文で、岩崎は村絵図が広範に残存する地域では、メソスケールの資料として活用しうることを指摘した。

また、近年の村絵図の個別研究としては、川名禎および北村優季の実証的な論文が注目に値する。(注5)これらの論文は、村絵図に描かれた空間を復原し、地域の特徴を解明している点において、すぐれた大縮尺絵図の歴史地理学的研究成果といえよう。最近の研究成果としては、英文で記された米家泰作の論文が公刊された。(注6)概説的ではあるが、海外に向けて、日本の古地図の存在意義を発信したことは評価される。

ところで、村絵図に関する著書や論文がさほど多くはない一方で、近年は博物館の展示図録や自治体史の一環として、村絵図を収録した冊子が数多く刊行されるに至っている。(注7)

以上の研究史を受けて、本論文の研究目的は、かつて我々の葛川絵図研究会が目指した大縮尺絵図を当時の作成者の視点から読み解くという試みを、中山村絵図を事例として検討するものである。(注8)

三　中山地区の概要

中山地区は、現在の行政区画上は上山市に属するが、かつては米沢藩領の最北端に位置し、境界を守る城が置かれた場所でもあった。江戸時代には、境界のミニ城下町と羽州街道の宿場町の双方の特徴をあわせもつ地区であった。

当地は戦国時代に伊達氏と最上氏の境界領域に位置し、攻防を繰り返した。天守山に築かれた中山城は三方が渓谷で囲まれた天然の要害であった。慶長年間（一五九六〜一六一四年）の「邑鑑」によれば、村高千七百石余、家数七十二軒、人数四百三十四、明治十一（一八七八）年の一覧全図では、反別千七十八町余、戸数二百二十一・人口千二百四十二、であった。(注9)

四　中山村を描いた絵図

管見の限りでは、この中山村を描いた近世村絵図は、三種類に大別できる。ひとつは赤湯八幡宮に伝来するとされる村絵図であり、中山公民館および山形県立博物館に写本が存在する。以下では赤湯本と略する（**図10・1**）。もうひとつは、結城豊太郎記念館所蔵の「享保の絵図」と称される十五点の絵図であり、いずれも軸装されていて、その中の一枚に中山村が描かれている。以下では結城本と略する（**図10・2、口絵7**）。赤湯八幡宮所蔵絵図は未見であるが、中山公民館の写本(注10)には享保二（一七一七）年と記されており、作成年代はほぼ同じであると推測される。ただし、実見した限りにおいては、両者の絵図表現には、かなりの違いがみられる。

最後のひとつは、米沢市上杉博物館所蔵絵図であり、上杉文書「御境諸口絵図《おんさかいしょくちえず》」三十四枚の中の一枚である。(注11)以下では上杉本と略する（**図10・3**）。この上杉本と結城本の絵図表現は、かなり共通性がみられ、同じ絵師の手によるものと想定される。ただ、結城本および赤湯本にある文字注記が上杉本には欠落している。この絵図の北西部端に記された文字注記を赤湯本から紹介すると、以下のようになる。

中山村両下高　弐千七百九拾八石四斗壱升七合弐勺
外開高　百七石九升八合五勺
右ノ内　田分千五百三拾石　畑分千弐百六拾八石余免弐分
内御休作田畑合　弐百石六斗四升

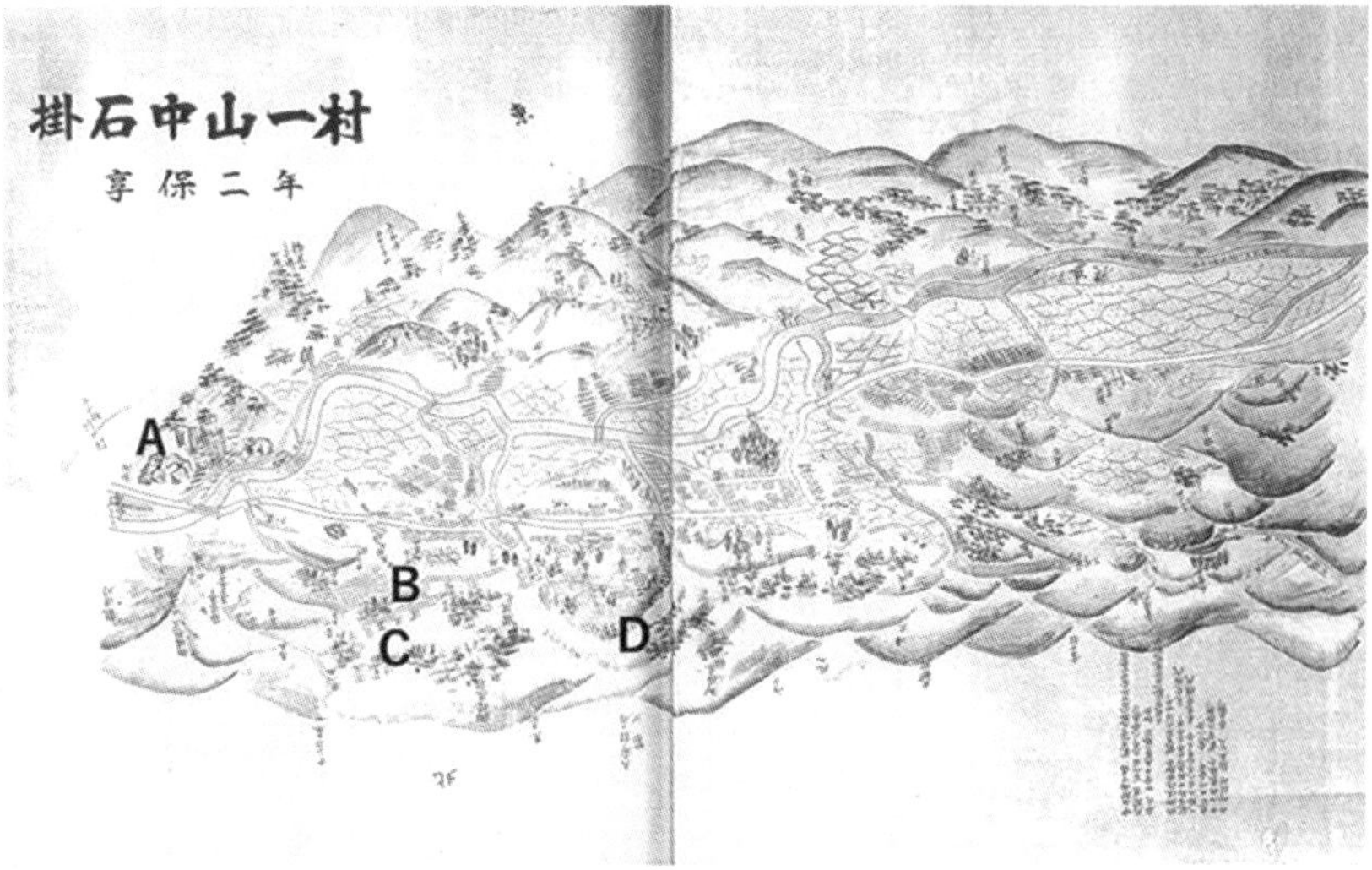

図10・1　中山村絵図　赤湯本（上山市中山公民館所蔵）
（図中の記号A：掛入石、B：御番所、C：筋沢道、D：御役屋）

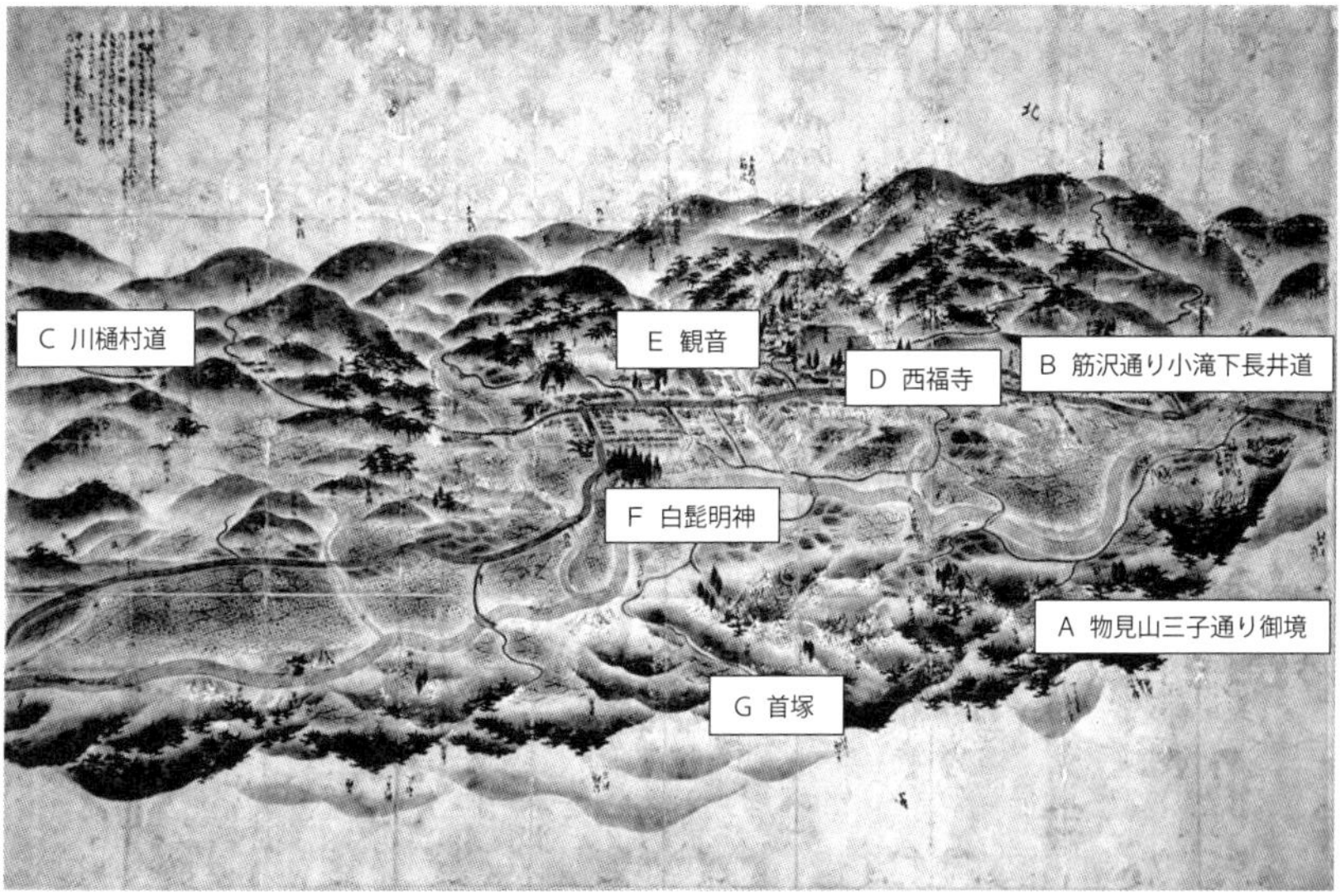

図10・2　中山村絵図　結城本

弐百拾四石五斗六升三合半　免壱種代
九拾三石八斗七升三合　本免壱種代
壱石五斗壱升　壱ツ一分
中山両家数合　弐百三拾軒
内御役付　諸奉公人　五十五軒

ここに記された石高などの村の情報は、境界を描くことに重点が置かれた上杉本には不要であったとみてよかろう。しかしながら、二百軒余りのうち、境界を守る武士が五十軒余り存在したことには注目すべきであろう。今なお、中山城へ通じる道沿いは「家中」と呼ばれ、かつての武家屋敷が連なる。

さて、いずれの村絵図も、前述の博物館図録などで紹介されている一般的な村絵図に比べて、表現が精緻であることが大きな特徴となっている。一般的な村絵図は、村役人など在地の者の手による場合が多いとされ、表現は稚拙なものが大部分である。それに対して、中山の村絵図は、おそらくは米沢藩の絵図方の手によるものではないかと憶測される。

岩瀬家所蔵文書の中に、絵図方の岩瀬半兵衛政十の記したものと思われる「御絵図由来書」嘉永五（一八五二）年が伝来している。[注12]

図10・3　上杉文書「御境諸口絵図」のうち、中山村（部分）
（米沢市上杉博物館所蔵）

この他にも、岩瀬家所蔵文書の中には、絵図方を代々務めた岩瀬家の貴重な史料がいくつも含まれているため、これらの分析から、中山村絵図の作成目的が明らかになる可能性はあろう。

五　中山村絵図の現地比定と景観復原

中山村絵図の北端には、「掛入石」と呼ばれる巨岩が大きく描かれており、境界のランドマークとしての役割になっている。この巨岩は、奥羽本線の複線化工事で少し削られたようだが、いまなおその姿をとどめている。

そこから、少し南下した村の入り口には、中山御番所の門と両側に延びる柵が描かれている。羽州街道を往来し、境界の地を出入りする人々をチェックするための施設が存在していたのであり、この村の特色を示した表現といえる。「御番所」のすぐそばに「馬町」の注記があるのは、街道の物資輸送を担っていた馬を常備していた輸送業者の存在を示すものであろう。

また、上杉本および結城本では、街道および脇道が朱色で彩色されており、この色は国絵図などで、道を示す色として一般的に用いられてきた色であった。この点からも、国絵図と同じ絵師が作成に関わった可能性が示唆される。

御番所の西を山手に延びる筋沢道に沿って、最上合戦に関わる文字注記がみられ、絵図の作成された当時は、関が原の戦いの前哨戦となった上杉氏と最上氏の熾烈な戦いがいまだ実感を帯びて伝えられていたことがしのばれる。

上杉本と赤湯本とで、大きく異なるのは、絵図の中央に描かれた「御役屋」の表現である。上杉本では、この建物群が、ひときわ壮麗に描かれているが、一方の赤湯本では、他の建物より少し大きい程度で、めだたない表現にとどまっている。

赤湯本が、原本に忠実な写本であるかどうか保証の限りではないが、軍事目的よりも、村そのものの情報を描くことに重点を置いたものとみることができるだろうか。その反面、境界を描くことに力点が置かれた上杉本においては、中山の境目の城を強調して描写することは当然のことであったといえよう。

さて、この絵図の耕地に関わる表現のうち、水田の描写は、非常にわかりやすいが、その一方で、畝を伸ばした筋状に続く耕地は何を描いたのであろうか。おそらくは畑地、それもしばしば段々畑であったと思われる。そこでは、以下に述べる紅花や青苧などの商品作物が栽培されていたと想定される。

六　中山村の景観変遷

近世期の「上杉領村目録」では掛入口中山として、村高二千九百二十六石余（御届高千九十九石余）、本免二ツ、天明八年改反別二百四十八町二反余（うち田百十七町二反余・畑百三十一町余）、戸数百九十九・人口千二百十九、馬八十二・牛十二、漆八千三百七十本・紅花十一貫四百五匁余・綿九百五十二匁余・青苧一貫八百二十匁余・蚕利千五百三両とあり、(注13)畑地には、紅花や青苧、桑が栽培されていたことが知られる。漆の木は台地・丘陵部に植えられていたものと推測される。

この天明年間（一七八一～一七八八年）は、上杉鷹山公の改革が進められていた時期にあたり、商品作物である紅花・青苧・漆の栽培が奨励され、桑を植えて、養蚕を行うことも奨励されていた。前述の享保の段階では、面積で畑よりも田が多かったのに、それが逆転して畑地が上回っているのは、この藩政改革の影響とも思われる。

近隣の西村山郡大江町での調査によれば、青苧の栽培は明治前期でほぼ衰退し、その後は養蚕が全盛期を迎えた。(注14)おそらくは、中山村でも、同様の変遷をたどったものと思われる。漆の木も、今では公民館の裏山などに、ごくわずかが残存するのみとなっている。(注15)

その養蚕も、第二次大戦後には徐々に下火となり、高度成長期以降は、ほとんど行われなくなった。それは山形県内陸部に共通し、桑畑は果樹園に転換が進められた。今日、山形県内陸部は果樹王国として、サクランボや洋ナシなどの栽培が盛んに行われているが、その起源はさほど古いものではなく、農業景観は大きく変化してきたのであった。

中山地区では、養蚕の衰退期に導入された果樹はブドウが中心となった。南陽市赤湯の白竜湖周辺のブドウ栽培地域は高度成長期にデラウェアの一大特産地が形成されるに至った。ところが、二十一世紀に入って、デラウェアの価格は低迷し、農業者の高齢化などで、農業就業人口は低下の一途をたどり、中山地区の農地も耕作放棄地や荒廃地がめだちはじめてきた。

なお、明治末期に作成された旧版地形図から近年の地形図までの景観変遷については、国土地理協会の報告書に詳述したので、本節では省略したい。(注16) ただ、最新の地形図でも、依然として桑畑が多く表現されてはいるが、この土地利用表現は現状を的確に反映しているとはいいがたい。

七　おわりに

前述の「御役屋」の表現に象徴されるように、上杉本と赤湯本とでは、作成目的が異なっていた可能性がある。上杉本は「御境諸口絵図」のうちの一枚であることから、やはり防衛上の施設を強調して描くという意識が存在したものといえよう。

絵図の作成は享保年間とされるが、この時期は歪みのめだった元禄日本図に大幅な修正を加えて、新たな日本図を編集するために、全国的に測量などが実施されたのであり、その作業に付随して、米沢藩では、国絵図よりもさらに詳しく領内を描いたメソスケールの絵図が作成されたのであろうか。

西置賜郡小国町や飯豊町のあたりを描いた領内絵図が上杉博物館の所蔵絵図の中にみられ、従来は城下町絵図や国絵図が注目を集めてきたのであるが、このような国絵図よりも領内を詳しく描いたメソスケールの絵図は、ほとんど紹介されていない。調査を進めれば、全国各地で同様の絵図が作成されていた可能性は大きく、今後の古地図研究の重要な課題となろう。

以上、本節は、中山村絵図の紹介レベルにとどまったが、上杉文書に含まれる多くの絵図は、いわば宝の山であり、今後の調査研究によって、ミクロ・メソスケールの近世絵図研究に新たな成果をもたらすことを期待したい。

第二節

一　はじめに

本節は、前節において、十分に論じることができなかった部分を補足するものである。

まず、この前節の原論文発表以降に、意義深いふたつの村絵図に関する著作を手にすることができた。ひとつは、羽山久男の大著『知行絵図と村落空間――徳島・佐賀・萩・尾張藩と河内国古市郡の比較研究――』である。(注17)

羽山氏は長年、徳島県の高校教員を勤められたが、筆者が学部学生時代に、故藤岡謙二郎先生の京都大学教養部人文地理学研究室へ半年間、内地研修に来られた際に知り合った。二〇一七年秋の地理学会でお目にかかった後に、拙論をお送りしたところ、このご著書をお送りいただいた。

前節では、「村絵図に関する個別論文は、さほど多いとはいえない」と断定的に記してしまったが、本書の冒頭では村絵図の研究史が四頁にわたって詳述されており、文献の渉猟が不足していたことをお詫びしたい。

また、本書で指摘されているのは、明治の地租改正に先立って、実測された村絵図が既に作成されていた藩の存在である。同時に村絵図研究の方法論として、絵図史料の総合化という視点も提示されている。絵図の背景にある村人の空間認識や村の生業・生活の基盤や社会的関係を考えなければならない、という指摘であり、筆者も拙論では、不十分ではあるが、同様の視点に立脚したものである。

もうひとつは、松尾容孝「村絵図の種類・目的と地域性についての覚え書き」である。(注18)氏の論文では、鳥取・宮津・尾張・萩・松江・金沢の各藩における検地時期と村絵図作成史がまとめられており、十八世紀に入ると、藩領全域で村絵図が作成されたり、それらを編集して郡図などの広域図が作成されたことが指摘されている。

前節でも示したように、米沢藩においても、広域図が存在するが、その作成動機は明らかにされていない。これらの絵図は、その表現・描写レベルにおいて、たいへん優れたものであり、米沢藩の絵図方であった岩瀬家の関与した可能性が大きいことは、既に述べたとおりである。ただ、その解明は筆者の手に余るものゆえ、近世史研究者の調査研究に期待を寄せたい。

以上の村絵図研究の業績から刺激をいただいて、本節では、さらなる検討のために、絵図に記された文字注記に関わる言及を進めて、補足を試みたい。とりわけ、絵図の描かれた範囲を確定すること、および文字注記の中で、どのようなものが主体となっているかに着目したい。とりもなおさず、その分析視点は、上述の村人の空間認識や生業の基盤に関わるものである。

二　絵図の四至と境界

中世に数多く作成された荘園絵図では、荘園の立券に際して、そのテリトリーを明示する目的から、荘園の領域の東西南北を示した四至と称される境界線が強調して描かれた。(注19)豊臣秀吉の太閤検地によって、村のテリトリーが確立したとされ、それは「村切り」と称された。したがって、村絵図においても、なんらかのかたちで、村の境界を明示することは必要であり、絵図表現においては重要な情報であったと思われる。

では、この中山村絵図においては、境界領域に、どのような文字注記がみられるのであろうか。**図10・1**として掲載した結城本に記された文字注記によって、それらを解き明かしてみたい。まず、絵図の北端には掛入石が描かれていることは前稿でも述べたが、「高四間二尺内長四間五尺長八間五尺三寸横八間四尺」という高さ十メートル、横幅二十メートル近い巨岩であったことが知られる。ただし、実際の境界は、もう少し北であったことが、道沿いの東側に「御境」、西側に「御札場より御サカイマデ」と記されていることから明らかとなる。

その東側には「上山領川口村」という記載や、東寄りの小山の山頂には「物見山三子通り御境」（A）という記載、その奥の山には「上山分カキトリ山」、さらに南方には「上山分小穴村」といった記載がみられ、中山村の外側の領域に関する地名が散見する。

一方、掛入石の西側には「上山領ニッ林水落境」という記載や、北端に「龍澤村」、「御領龍沢水落境」という記載がみられ、分水界が境界となっていたことが知られる。さらに、「筋沢通り小滝下長井道」（B）という記載もみられ、置賜の長井方面への道が延びていたことが示されている。

また、絵図の東端には、前述の小穴村の記載の南側に「公領新宿山」、さらにその南に連なる山並みに「南沢」、「新宿山」、「公領」といった文字注記が続く。この公領とは、十七世紀後半に藩領から天領となった屋代郷を指すのであろうか。

その一方、絵図の西端には、前述の筋沢通りの南に「ナシカ森」、「黒森」、「大希村ノ内筋沢」、「内山」、「太郎村」、「金山村」といった文字注記が散見するが、東側のような境界を示すとみられる奥山の描写はみられない。

そして、絵図の南端には、西側に「ヒカケ坂」から境界部に「川樋村道」（C）と記されているのみであり、東側には川沿いに「水上小岩沢ヨリ下至最上川」との文字注記がみられる。

以上のように、絵図の北端は、他領との境界にあたることから、かなり詳細な文字注記がみられ、上山領や公領といった米沢藩領の外部の空間に対する認識の強さを示唆するものといえよう。

その一方で、南側は自領が続いていることから、文字注記はさほど多いとはいえず、境界に関する情報は北側に比べると、はるかに少ない。このことからも、この絵図はまさに境目の城としての中山城を描いた村絵図であることが理解されよう。

三　絵図に描かれた中山村の宗教景観

羽山久男は、村絵図の分析視点のひとつとして、「絵図には村人の精神生活と深く結びついた寺社・堂宇・小社等の宗教的景観が多数描かれている。宗教的景観と山村社会や集落との関係をみる」ことを例示した（注20）。

本節においても、この視点から、中山村絵図（前掲**図10・2**）に描かれた宗教景観について言及したい。中山公民館作成の「中山宿ふるさと史跡まっぷ」（ウェブサイト「かみのやまあるく」に修正版「中山宿散策地図」が掲載）に示された現状と比較しながら、享保年間の作成とされる絵図中の宗教施設について述べたい。

まず、中山公民館に隣接する鎌倉時代の開山と伝えられる最古の寺院である「西福寺」（D）や、街道を南進した場所に位置する最上合戦の戦死者供養のために建立されたと伝えられる「竜雲寺」、武田信玄の家臣が開基と伝えられる「光明寺」は、いずれも絵図に記されており、現存する。観音堂は、元は竜雲寺の裏山にあったが、昭和に入り、集落からほど近い紅山に移したという。絵図では、「観音」（E）と記され、確かに竜雲寺の裏山に描かれている。

一方、神社では、滋賀県から分霊したとされる白髭神社が産土神として今も信仰されているが、絵図には「白髭明神」（F）と記されている。町はずれの南端にある天満神社は、絵図では「天神」と記されている。集落の東側には、山麓に北から八幡神社、山神堂、神明神社が現存するが、絵図には「八幡」、「山神」、「明神」が記されており、神明神社が明神に相当するかどうかは明らかではない。

さらに、現存するか明らかではないが、絵図に記された宗教施設として、集落の西側には、北から「権現堂」、「熊野堂」、「金神林」、「スワノ社」、「永雲寺」（日影村）が、東側には、北から最上合戦の犠牲者を祀る「首塚」（G）、「ビンコ壇」（備後壇か）が記されている。

総じて、寺院は集落の中心部に、神社は産土神を除けば、小さな堂宇や小祠であったと思われ、周辺部の山麓や山中に立地している例が多くみられる。このことは、現在と比べれば、焼畑農業や狩猟採集、あるいは入会林野における炭焼きや薪の採集など、かつては山野の活発な利用がなされていたことに関わるものといえようか。

四　おわりに

最近、中山城をめぐって、伊達政宗時代の中山城は、上杉時代の中山城より少し南に位置する岩部山館跡ではないか。とする新説が提唱された。(注21)ただし、この中山村絵図には、残念ながら「岩部山」なる地名は記されていないので、この絵図から確認することは不可能である。

この結城本絵図の文字注記は、実に百ヶ所にものぼる。ひとつの村絵図だけで、これほどの情報が盛り込まれているのであり、本稿では、代表的な一部を読解したにすぎない。このように、近世絵図には果てしない世界が拡がっているのであり、若い研究者の方々が積極的に調査研究にチャレンジしていただくことを切望して、結びに代えたい。

注

（1）木村東一郎『村図の歴史地理学』日本学術通信社、一九七九年。
（2）石井修「近世神奈川の村絵図について」神奈川近世史研究会編『江戸時代の神奈川――古絵図でみる風景――』有隣堂、一九九四年、所収。
（3）前掲注（1）参照。
（4）岩崎公弥「メソスケール地域の地誌的資料としての近世村絵図の利用」歴史地理学一七二、一九九五年。
（5）川名禎「二王座村絵図にみる臼杵城下の景観と地域構成」地図四四－三、二〇〇六年、北村優季「近世神島の村絵図」青山史学三三、二〇一五年。
（6）KOMEIE Taisaku, "Self-Portrait of a Village" in Wigen, K., Sugimoto, F. and Karacas, K. eds., *Cartographic Japan*. The University of Chicago, 2016.
（7）たとえば、『絵図・古文書で探る村と名主』横浜市歴史博物館、一九九八年・『村絵図を歩く』富士市立博物館、二〇〇七年・『町絵図・村絵図の世界』東北歴史博物館、二〇〇七年・『故郷の原風景を歩く――明治大学所蔵村絵図の世界――』明治大学博物館、二〇〇七年・安城市史編さん室編『安城市内村絵図集』、二〇〇八年・『ひょうごの景観を歩く：収蔵村絵図選』兵庫県立歴史博物館、二〇〇八年・『地を量る――描かれた国、町、村――』一関市博物館、二〇一三年、などをあげることができる。
（8）葛川絵図研究会編『絵図のコスモロジー』上巻・下巻、地人書房、一九八八・一九八九年。
（9）『角川日本地名大辞典6　山形県』角川書店、一九八一年。
（10）この絵図は『白いコブシの花におう』中山地区会、一九九七年、の口絵にカラー写真が掲載されている。
（11）この絵図は上山市教育委員会編『中山城跡調査報告書』二〇〇三年、の口絵にカラー写真が掲載されている。
（12）この古文書は、米沢市上杉博物館・市立米沢図書館収蔵文化財総合データベースのウェブサイトに画像が公開されている。

(13)前掲注(9)参照。

(14)『大江町と最上川の流通・往来の景観保存調査報告書』山形県西村山郡大江町、二〇一三年。なお、報告書のＰＤＦファイルが大江町公式ウェブサイトにアップされている。

(15)中山公民館における聞き取り調査によれば、公民館の裏山に生育する漆の木から樹液を採取するために、山形市内にある東北芸術工科大学の教員が定期的に訪れるという。

(16)公益財団法人国土地理協会ウェブサイトの助成情報を参照。

(17)羽山久男『知行絵図と村落空間――徳島・佐賀・萩・尾張藩と河内国古市郡の比較研究――』古今書院、二〇一五年。

(18)松尾容孝「村絵図の種類・目的と地域性についての覚え書き」専修人文論集一〇二号、二〇一八年。

(19)小山靖憲・佐藤和彦編『絵図にみる荘園の世界』東京大学出版会、一九八七年。

(20)羽山久男「近世阿波の実測分間村絵図と山村景観」徳島地理学会論文集十二集、二〇一一年。

(21)保角里志「山形の城を歩く26　中山城跡」やまがた街角八三号、二〇一七年。

コラム10
月光善弘先生と村山民俗学会

山形大学に赴任してまもない一九八四年秋に、当時は県立博物館で民俗担当の学芸員を務めておられた野口一雄先生から、山形県民俗研究発表会へお誘いいただいた。

山形県内には、戦後まもない頃に発足した戸川安章先生の率いる庄内民俗学会および置賜民俗学会、それに最上民俗学会が既に存在していた。置賜民俗学会は、戦後に郷里の米沢にソウルから引揚げてこられた江田忠先生を中心に、荒砥高校で同時期に教員をされていた奥村幸雄先生と武田正先生が主力メンバーであった。最上民俗学会は新庄在住の大友義助先生が中心であった。

その研究発表会の後、県内の民俗研究団体による連合組織結成が話題になり、その翌年に山形県民俗研究協議会が設立され、会長に戸川先生をお迎えした。山形市には、山形県民俗学会と称した組織が存在したのだが、私が赴任した頃には、ほとんど活動休止状態となっていた。そこで、村山民俗の会をたちあげようという機運が高まったのであった。

そして、一九八六年春に村山民俗の会が発足する運びとなったが、初代会長に就任されたのが、当時は山形女子短期大学教授の月光善弘先生であった。月光先生は、寒河江市内の寺院の住職でもあったが、いかにも好々爺といえる性格の持ち主であり、一九九〇年代前半の西川町史の執筆などで、よくごいっしょした。

その頃に既往の研究業績を集大成されたのが、学位論文となった大著『東北の一山組織の研究』(佼成出版社、一九九一年)であり、本書は一九九二年度の山岳修験学会賞を受賞した。月光先生とともに学会賞の審査委員を務めたことがあった。他の先生方と、ごいっしょに開学したばかりの東北芸術工科大学の温泉つき宿舎をお借りして、泊り込みで審査を行った記憶がある。

私は事前の準備で、たくさんの文献をダンボール箱に入れて、月光先生の自動車に積んで会場へと向かった。審査は、さまざまな意見が飛び交う厳粛なものであったが、終わった時に、さあ一杯飲もうと月光先生が嬉しそうに乾杯の音頭をとられた瞬間は忘れがたい。

さて、このように、とんとん拍子で、県内の民俗研究組織が成立したのであるが、それに対して、地理学の分野では、山形地理学会という組織が存在していた。私が赴任した頃は活発な活動は既に行われておらず、渡辺茂蔵先生を中心に再度の復活を果たそうという動きがみられたものの、すぐに活動休止になってしまったのは残念であり、私自身のローカルな活動も、民俗研究組織に依拠せざるをえなくなった。

当時は、山形県内でも工業化が急速に進みつつあった時期で、農山村の民俗儀礼は終焉を迎えたものもあった。中山町歴史民俗資料館に国重要有形民俗文化財に指定された「岩谷十八夜観音庶民信仰資料」が展示されているが、野口先生にお誘いいただき、一九八七年のお盆に岩谷十八夜観音の現地を訪問して、巫女の口寄せを見学できたことは幸いであった。

月光先生は村山民俗の会会長を、当時は山形大学教育学部教授であった伊藤清郎先生に譲られ、その後を私が引き受けることになった。もっとも、私の会長役は二〇〇六年秋に山形大学小白川キャンパスで開催された日本民俗学会年次大会の準備と開催のためであり、その後すぐに野口一雄先生が会長に就かれた。

山形県内の大学で民俗学が開講されているのは、県立米沢女子短期大学が最古である。日本史学科が設置された時に、民俗学の講義が開講されるようになり、初代の非常勤講師は戸川先生であった。鶴岡から米沢への移動はたいへんで、時には羽越線から坂町で米坂線に乗り換えて、米沢へ通ったということであった。

戸川先生の次に担当されたのが、白鷹町荒砥在住であった奥村幸雄先生で、その次には筑波大学を定年退職され、山形女子短大教授として帰郷された武田正先生であった。奥村先生と武田先生は、一時期、荒砥高校の同僚であったという。その武田先生が郷里を離れられることになり、私が引き継ぐことになった。

月光先生の最後の晴れ舞台が、二〇〇三年の日本山岳修験学会羽黒山大会であった。先生に実行委員長をお願いして、開会のごあいさつをいただくことができた。私は二〇〇六年の日本民俗学会年会でも同じく実行委員会事務局長という裏方に専念した。その双方の全国大会で、やっかいな会計事務を担当していただいたのが、市村幸夫村山民俗学会前事務局長であった。双方の大会を無事に終えることのできたのは、しっかりした会計システムをつくりあげていただいた市村氏の功績であったことを感謝したい。

月光先生は、一九九六年に戸川先生の後任として、県民俗研究協議会会長に就任され、二〇〇三年には斎藤茂吉文化賞を受賞されたが、二〇一五年一月に逝去された。

初出一覧

新たに書き下ろした章以外は、次の既発表稿を改変して掲載した。

第一章　「大山歴史地理散歩(1)〜(22)」月刊大山(大山の自然を守る会)一三一–一七四号、一九八二〜一九八六年、および二〇一八年の日本山岳修験学会大山学術大会の発表資料。

第二章　書き下ろし。

第三章　[第一節]「出羽三山信仰を描いた映像記録」庄内民俗三七号、二〇一七年。

[第二節]「霊山と地域おこし――羽黒山と戸隠山を事例として」山形民俗三一号、二〇一八年。

[第三節]「「三山登山案内」本道寺で創られた鳥瞰図」村山民俗会報三一八・三一九・三二一号、二〇一八年。

第四章　「絵図にみる立山信仰」『なにが分かるか、社寺境内図』国立歴史民俗博物館、二〇〇一年。

第五章　書き下ろし。

第六章　[第一節]「近世の旅日記にみる比叡山参詣」山岳修験七号、一九九一年。

[第二節]人文地理学会地理思想研究部会報告(二〇〇八年九月)。

第七章　「絵図にみる霊場寺院の他界観」『中世出羽の宗教と民衆』高志書院、二〇〇二年、二七七–二九〇頁。

第八章　「参詣曼荼羅にみる天橋立の風景」人文地理学会大会研究発表要旨、一九九四年。

第九章　[第一節]「国絵図にみる霊山の表現」文部省科研費報告書『画像処理による出羽国絵図の研究』、茨城大学教育学部(研究代表者：小野寺淳)一九九九年。

[第二節]「国絵図にみる霊山の表現(続)」文部省科研費報告書『国絵図の画像処理による東北地方の環境・景観変化に関する研究』茨城大学教育学部(研究代表者：小野寺淳)二〇〇一年。

第十章　[第一節]「米沢藩領中山村絵図覚書」村山民俗三一号、二〇一七年。

[第二節]「米沢藩領中山村絵図覚書補綴」村山民俗三二号、二〇一八年。

ま　行

や　行

ら　行

な　行

は　行

さ　行

た　行

索　引

研究業績一覧

著書

1. 山崎謹哉編『暮らしの地理学』古今書院，1986年5月所収「村と町の移り変わり」pp.89-110.
2. 長谷川典夫編『地理学トピックス』大明堂，1987年5月所収(1991年5月改訂)「条里と荘園」,「新田開発」pp.219-222　227-230.
3. 久武哲也・長谷川孝治編『地図と文化』地人書房，1989年4月，所収(1993年4月改訂)「行基図──最古の日本地図」「社寺境内図──聖地のシンボリズム」pp.32-33　58-61.
4. 難波田徹・岩鼻通明編『神社古図集 続編』臨川書店，1990年5月，300p.
5. 山田安彦・山崎謹哉編『歴史の古い都市群4』大明堂，1990年10月所収「開発がすすむ非戦災都市山形」・「米沢織で名高い米沢」pp.122-147.
6. 藤岡謙二郎監修，山田・伊藤・青木編『東山道の景観と変貌』古今書院，1991年7月所収「出羽三山の山岳信仰」pp.192-198.
7. 岩鼻通明著『出羽三山信仰の歴史地理学的研究』名著出版，1992年2月，270p.
8. 戸川安章編『仏教民俗学大系7　寺と地域社会』名著出版，1992年8月所収「講の機能と村落社会」pp.143-158.
9. 『西川町史　上巻』「三山信仰の拡がり」山形県西村山郡西川町，1995年3月，pp.958-1049
10. 岩鼻通明著『出羽三山の文化と民俗』岩田書院，1996年8月，193p.
11. 越後・佐渡地名を語る会編『新潟県の地名』野島出版，1996年12月所収「山岳信仰と地名」pp.213-240.
12. 岩鼻通明・嶋田忠一編『日本民俗誌集成　第3巻東北編(二)』三一書房，1998年7月(解説・解題・文献目録を執筆担当)
13. 有薗正一郎他編『歴史地理調査ハンドブック』古今書院，2001年5月所収「宗教景観の構造」・「マンダラ図・社寺縁起」pp.146-149　202-206.
14. 岩鼻通明著『出羽三山信仰の圏構造』岩田書院，2003年10月，250p.
15. 安田喜憲編『立山信仰と日本人』NTT出版，2006年4月所収「立山信仰の歴史地理学的研究」・「山岳信仰と女人禁制──立山と羽黒山の比較から」pp.109-124　193-201.
16. やまがた草木塔ネットワーク事務局編『いのちをいただく』山形大学出版会，2007年8月所収「草木塔と出羽三山信仰」pp.188-192.

17. 田村俊和・石井英也・日野正輝編『日本の地誌 4 東北』朝倉書店，2008 年 4 月所収「東北地方の地域性――4．住民と生活　2)伝統文化」および「山形県地域誌　庄内地域」pp.55-58　412-418.
18. 岩鼻通明著『韓国・伝統文化のたび』ナカニシヤ出版，2008 年 5 月，152p.
19. 『日本の神仏霊場』別冊歴史読本 40，新人物往来社，2009 年 3 月所収「出羽三山」pp.40-43.
20. 宮家準編『山岳修験への招待　霊山と修行体験』新人物往来社，2011 年 3 月所収「中世の伝統を伝える羽黒山四季の峰」pp.83-92.
21. 山形大学人文学部編『異郷と同胞　日本と韓国のマイノリティー　山形ドキュメンタリーフィルムライブラリー・セレクション第 2 集』山形大学出版会，2011 年 10 月所収「韓国ドキュメンタリー映画の諸相」pp.28-43.
22. 原・山本・和田編『コンテンツと地域』ナカニシヤ出版，2015 年 12 月所収「地方における映画文化の育成と活用：映画祭・フィルムコミッション・映画館の連携」pp.135-151.
23. 岩鼻通明著『出羽三山　山岳信仰の歴史を歩く』岩波新書，2017 年 10 月，240p.

論文

1. 「観光地化にともなう山岳宗教集落戸隠の変貌」人文地理 33-5，1981 年 10 月，pp.74-88.
2. 「出羽三山をめぐる山岳宗教集落」地理学評論 56-8，1983 年 8 月，pp.535-552.
3. 「宗教景観の構造把握への一試論――立山の縁起，マンダラ，参詣絵図からのアプローチ」京都大学文学部地理学教室編『空間・景観・イメージ』地人書房，1983 年 9 月，pp.163-185.
4. 「出羽三山信仰圏の地理学的考察」史林 66-5，1983 年 9 月，pp.83-128.
5. 「縁起と絵図と――葛川縁起に展開された宗教的世界――」地理 29-4，1984 年 4 月，pp.79-86.（田中智彦と分担執筆）
6. 「羽黒修験と遠野」地域社会研究（山形地域社会研究読書会）9，1984 年 11 月，pp.72-77.
7. 「参詣曼荼羅にみる立山修験の空間認識」歴史地理学紀要 27，1985 年 3 月，pp.131-149.
8. 「湯殿山即身仏信仰再考」歴史手帖 13-8，1985 年 8 月，pp.32-39.
9. 「戸隠中社の講集団」あしなか（山村民俗の会）195，1986 年 1 月，pp.1-5.
10. 「西国霊場の参詣曼荼羅にみる空間表現」水津一朗先生退官記念事業会編『人文地理学の視圏』大明堂，1986 年 4 月，pp.345-356.（『本尊巡礼　講座日本の巡礼　第 1 巻』

雄山閣，1996年に再録）
11.「立山マンダラ作成年代考」山岳修験 2，1986年9月，pp.46-54.
12.「道中記にみる近世の出羽三山登拝」東北生活文化論文集（東北生活文化学会）6，1987年3月，pp.4-12.
13.「参詣曼荼羅の読図に向けて」芸能 29-10，1987年10月，pp.8-16.
14.「道中記にみる出羽三山参詣の旅」歴史地理学 139，1987年12月，pp.1-14.
15.「北東北からの出羽三山参詣」山形民俗 2，1988年3月，pp.6-11.
16.「参詣曼荼羅ことはじめ ── 社寺参詣曼荼羅の世界1 ──」月刊百科 313，1988年11月，pp24-27.
17.「吉崎御坊と蓮如 ── 社寺参詣曼荼羅の世界2 ──」月刊百科 316，1989年2月，pp.23-31.
18.「山形における交通と観光をめぐる諸問題」『地域と地域科学』山形大学教養部総合科目研究会，1989年3月，pp.25-38.
19.「法輪寺参詣曼荼羅と嵐山図 ── 社寺参詣曼荼羅の世界3 ──」月刊百科 319，1989年5月，pp.25-27.
20.「羽黒山花祭り」宮田登他監修『仏教行事歳時記 7月 夏祭り』第一法規出版，1989年6月，pp.157-163.
21.「立山マンダラにみる聖と俗のコスモロジー」葛川絵図研究会編『絵図のコスモロジー 下巻』地人書房，1989年7月，pp.223-238.
22.「善光寺参詣曼荼羅の周辺 ── 善光寺・戸隠信仰と“まいりの仏” ── 社寺参詣曼荼羅の世界4 ──」月刊百科 323，1989年9月，pp.25-32.
23.「大宰府観世音寺絵図考 ── 社寺参詣曼荼羅の世界5 ──」月刊百科 325，1989年11月，pp.14-17.
24.「紀行・絵図にみる中世北日本の空間認識」羽下徳彦編『北日本中世史の研究』吉川弘文館，1990年2月，pp.547-564.
25.「六十里越街道をゆく人々」山村民俗の会編『峠路をゆく人々』エンタプライズ，1990年8月，pp.1-13.
26.「白河関の明神 ── 峠に祀られた境界神」山村民俗の会編『妣なる山に祈る』エンタプライズ，1990年11月，pp.23-35.
27.「社寺参詣曼荼羅の系譜における立山曼荼羅の位置づけに関する研究」富山県立山博物館調査研究報告書富山県教育委員会，1991年3月，14p.
28.「近世の旅日記にみる比叡山参詣」山岳修験 7，1991年6月，pp.91-99.
29.「大網地すべりと大日坊の移転」庄内民俗 30，1991年10月，pp.1-9.
30.「越中立山女人救済儀礼再考」芸能 34-2，1992年2月，pp.17-23.
31.「近世の旅日記にみる善光寺・戸隠参詣」長野 165，1992年9月，pp.16-38.

32.「戸隠信仰の地域的展開」山岳修験 10，1992年10月，pp.31-40.
33.「観光地化にともなう山岳宗教集落戸隠の変貌（第2報）」山形大学紀要（社会科学）23-2，1993年1月，pp.179-198.
34.「修験道と文芸 ── 近世紀行文を中心に ── 」国文学解釈と鑑賞 58-3，1993年3月，pp.146-151.
35.「出羽三山の参詣路 ── 史料にみる山中の地獄と浄土の世界 ── 」山形郷土史研究協議会研究資料集 15，1993年3月，pp.22-38.
36.「国絵図にみる東北日本の環境変化」山形大学学内特定研究報告書，1994年3月，pp.58-76.
37.「出羽国からの熊野三山参詣」東北生活文化論文集 12，1994年3月，pp.60-66.
38.「山岳信仰研究の地理学的諸問題 ── 小田氏の書評に答えて ── 」山形民俗 8，1994年8月，pp.41-47.
39.「韓国民俗学の研究動向と課題」山形民俗 9，1995年11月，pp.51-56.
40.「地図にみる韓国の計画都市水原の発展」東北生活文化論文集 15，1996年3月，pp.40-48.
41.「山岳仏教」日本の仏教 6，1996年8月，pp.70-74.
42.「出羽三山 ── 日本の霊地」『日本「霊地・巡礼」総覧』新人物往来社，別冊歴史読本 68，1996年9月，pp.76-81.
43.「道中記にみる霊地」『日本「霊地・巡礼」総覧』新人物往来社，別冊歴史読本 68，1996年9月，pp.290-295.
44.「出羽三山の両造法論と絵図」西村山地域史の研究 14，1996年11月，pp.2-22.
45.「山岳修験の食文化に関する研究」東北生活文化論文集 16，1997年3月，pp.37-58.
46.「描かれた善光寺と記された善光寺」『長野市立博物館特別展図録　古代・中世人の祈り ── 善光寺信仰と北信濃 ── 』1997年4月，pp.118-123.
47.「立山曼荼羅研究の成果と課題」山岳修験 20，1997年11月，pp.15-20.
48.「出羽三山の絵図を読む」山形郷土史研究協議会研究資料集 20，1998年3月，pp.44-55.
49.「本道寺檀那場帳にみる檀那場の競合 ── 文翔館所蔵長井氏資料（出羽三山関係）の紹介を兼ねて」山形民俗 11・12，1998年8月，pp.68-72.
50.「絵図にみる北野社の景観変遷 ── 北野社参詣曼荼羅の作成年代をめぐって」村山民俗 12，1998年11月，pp.18-36.
51.「出羽三山の縁起」国文学解釈と鑑賞 63-12，1998年12月，pp.137-143.
52.「観光地化にともなう山岳宗教集落戸隠の変貌（第3報）」季刊地理学 51-1，1999年3月，pp.19-27.
53.「城壁都市ソウルの発展と大都市圏の形成」成田孝三編『大都市圏研究（上）』大明

堂，1999年4月，pp.185-202.
54.「庄内平野の修験と民俗」悠久 80，2000年1月，pp.70-78.
55.「近年の出羽三山信仰の研究動向」村山民俗 14，2000年6月，pp.26-31.
56.「粉河寺参詣曼荼羅にみる聖域空間の表現」足利健亮先生追悼論文集編纂委員会編『地図と歴史空間』大明堂，2000年8月，pp.428-435.
57.「近代の旅日記にみる善光寺参詣」長野 213，2000年9月，pp.17-22.
58.「旅の異空間 ── 地理学と民俗学の間」山形民俗 14，2000年11月，pp.114-128.
59.「立山の山岳信仰」山と溪谷 792，2001年7月，pp.118-120.
60.「出羽三山への道 ── 新出の三山参詣旅日記から」山形民俗 15，2001年11月，pp.38-45.
61.「栗駒山の山岳信仰」山形民俗 16，2002年12月，pp.48-52.
62.「絵図にみる霊場寺院の他界観」『中世出羽の宗教と民衆』高志書院，2002年12月，pp.277-290.
63.「近世の出羽三山参詣」悠久 92，2003年1月，pp.85-93.
64.「絵図にみる出羽三山の神仏分離」山形郷土史研究協議会研究資料集 25，2003年3月，pp.5-13.
65.「韓国農村における伝統的景観の保全と活用」『農村空間の研究(上)』大明堂，2003年3月，pp.435-451.
66.「山岳信仰と女人禁制」山形民俗 18，2004年，pp.36-40
67.「韓国都市における伝統的町並景観の保全と利用 ── ソウルと全州を事例に」季刊地理学 57-3，2005年，pp.150-153.
68.「韓国映画に描かれた民俗文化」山形民俗 19，2005年，pp.67-71.
69.「韓国映画に描かれた民俗文化(続)」村山民俗 20，2006年，pp.113-115.
70.「長野県戸隠高原の三十年～信仰と観光のはざまで～」山形民俗 20，2006年，pp.66-70.
71.「朝鮮半島と東北文化の歴史的交流」山形県地域史研究 32，2007年，pp.1-8.
72.「出羽三山と最上川が織りなす文化的景観まんだら」庄内民俗 34，2008年4月，pp.108-111.
73.「鳥海山の境争論と装束場」山形民俗 22，2008年11月，pp18-22.
74.「山形県と世界遺産」村山民俗 23，2009年6月，pp.92-94.
75.「映像に描き出された韓国のムーダン」村山民俗 24，2010年6月，pp.34-36.
76.「羽黒山五重塔小考」山形民俗 24，2010年11月，pp.25-28.
77.「宗教と境界 ── 飯豊山・鳥海山・蔵王山を事例として」地図情報 116，2011年2月，pp.16-18.
78.「震災復興と民俗学」村山民俗 25，2011年6月，pp.93-95.

79. 「出羽三山信仰の諸課題」地方史研究 352, 2011 年 8 月, pp.43-46.
80. 「スクリーンツーリズムの効用と限界──「スウィングガールズ」と「おくりびと」を事例に」季刊地理学 63-4, 2012 年 3 月, pp.227-230
81. 「韓国のおける伝統文化の変容ー婚姻をめぐって」村山民俗 26, 2012 年 7 月, pp.52-54.
82. 「被災地をめぐる現代民俗──映画館の観客アンケートを通した試論」村山民俗 27, 2013 年 6 月, pp.57-64.
83. 「震災特集上映をめぐる現代民俗──映画祭の観客アンケートを通した試論」村山民俗 28, 2014 年 6 月, pp.14-21.
84. 「映画館をめぐる現代民俗 ── 鶴岡まちなかキネマを事例として」山形民俗 28, 2014 年 11 月, pp.7-14.
85. 「出羽三山信仰と秋田」秋大史学 61, 2015 年 3 月, pp.47-52.
86. 「映画をめぐる現代民俗──日韓の比較から──」村山民俗 29, 2015 年 7 月, pp.30-34.
87. 「江田忠先生の学問と私」山形民俗 29, 2015 年 11 月, pp.24-30.
88. 「大江町における国重要文化的景観選定の意義」村山民俗 30, 2016 年 6 月, pp.73-82.
89. 「米沢藩領中山村絵図覚書」村山民俗 31, 2017 年 6 月, pp.9-16.
90. 「出羽三山信仰を描いた映像記録」庄内民俗 37, 2017 年 10 月, pp.26-30.
91. 「霊山と地域おこし ── 羽黒山と戸隠山を事例として」山形民俗 31, 2018 年 3 月, pp.5-15.
92. 「米沢藩領中山村絵図覚書補綴」村山民俗 32, 2018 年 6 月, pp.51-55.

その他

1. 「観光保養都市白浜」小林博編『空からみた都市景観』大明堂, 1978 年 3 月, pp.54-55.
2. 「大山歴史地理散歩」(1)-(22) 月刊大山 (大山の自然を守る会) 131-174, 1982-1986 年.
3. 「学界展望 (民族・文化)」人文地理 37-3, 1985 年 6 月, pp.63-65.
4. 『出羽三山参詣道中記史料集』文部省科研費報告書, 山形大学教養部, 1986 年 3 月, 20p.
5. 書評：佐藤博之・浅香勝輔『民営鉄道の歴史がある景観』歴史地理学 135, 1986 年 12 月, pp.39-40.
6. 「山岳信仰の旅」週刊朝日百科　日本の歴史 75, 1987 年 9 月, pp.268-269.
7. 「信夫山の即身仏と九戸城の鉄門海碑」村山民俗 1, 1988 年 3 月, pp.8-9.

8.「北日本中世における絵画史料」科研費報告書，1988 年 3 月，pp.106-109.
9. 書評：長野覚『英彦山修験道の歴史地理学的研究』東北地理 40-2，1988 年 5 月，pp.151-152.
10.「絵解き研究と図録」絵解き研究 6，1988 年 6 月，pp.13-15.
11. 書評：川口久雄『山岳まんだらの世界』山岳修験 4，1988 年 10 月，pp.160-161.
12. 書評：石井実『地理写真』東北地理 40-4，1988 年 12 月，pp.293-294.
13.「空間の民俗学と文化地理学」村山民俗 2，1989 年 3 月，pp.7-8.
14.「芭蕉と羽黒修験」あしなか(山村民俗の会)204，1989 年 12 月，pp.10-12.
15. 書評：石井実『地と図』歴史地理学 148，1990 年 3 月，p.42
16.「空間の民俗学と文化地理学・続」村山民俗 3，1990 年 3 月，pp.13-14.
17.「大江寺蔵「立山曼荼羅」のこと」絵解き研究 8，1990 年 6 月，pp.67-70.
18.「学界展望(地図 近世以前)」人文地理 42-3，1990 年 6 月，pp.81-82.
19. 書評：広瀬誠編『越中立山古記録 第一巻』山岳修験 6，1990 年 9 月，pp.69-71.
20. 書評：徳田和夫『絵語りと物語り』日本民俗学 184，1990 年 11 月，pp.117-120.
21.「千葉県の出羽三山行屋史料」村山民俗 4，1991 年 3 月，pp.30-31.
22. 書評：小野寺淳『近世河川絵図の研究』庄内民俗 30，1991 年 9 月，pp.55-56.
23.「立山曼荼羅の世界」富山県立山博物館開館記念展図録，1991 年 11 月，pp.25-26.
24.「即身仏の足跡」村山民俗 5，1992 年 3 月，pp.34-37.
25. 書評：内藤正敏『修験道の精神宇宙――出羽三山のマンダラ思想』山形民俗 6，1992 年 7 月，pp.85-88.
26. 書評：鈴木正崇『山と神と人――山岳信仰と修験道の世界――』山形民俗 6，1992 年 7 月，p.54.
27.「270 号添付図「白山図」の解説の誤りについて」古地図研究 273，1992 年 11 月，pp.8-9.
28. 書評：高瀬・広瀬編『越中立山古記録　全 4 巻』山岳修験 11，1993 年 3 月，pp.86-88.
29.『旅日記にみる女人禁制の民俗文化的研究』文部省科研費報告書 山形大学教養部，1993 年 3 月，28p.
30.「但馬国からの出羽三山旅日記」村山民俗 6，1993 年 3 月，pp.16-17.
31. 書評：藤田定興『寺社組織の統制と展開』山形民俗 7，1993 年 8 月，p.26.
32.「古地図と曼荼羅」古地図研究 284，1993 年 10 月，pp.8-9.
33.「上州朽津家の出羽三山旅日記」村山民俗 7，1994 年 3 月，pp.45-46.
34. 書評：由谷裕哉『白山・石動修験の宗教民俗学的研究』週刊読書人 2037，1994 年 6 月 10 日，p.4.
35.「富士山と羽黒山の女人禁制の解禁」西郊民俗 147，1994 年 6 月，pp.1-3.

36. 「出羽三山信仰と遠野」遠野市立博物館講座講義集, 1994年12月, pp.42-46.
37. 「湯殿山信仰と「湯殿精進」」常総の歴史 15, 1995年1月, pp.121-122.
38. 「韓国ソウルのニュータウン」季刊地理学 47-1, 1995年3月, pp.46-48.
39. 書評：宮家準監修『峰入』, 松田義幸編『出羽三山と日本人の精神文化』山岳修験 15, 1995年4月, pp.74-76.
40. 「月山高清水通り登拝記」村山民俗 8・9, 1995年6月, pp.25-27.
41. 書評：山田安彦編『方位と風土』地理学評論 68-9, 1995年9月, pp.637-638.
42. 「蔵王県境移動国賠事件 ── 31年目の逆転勝訴の意義」日本の科学者 30-10, 1995年10月, pp.38-42.(佐藤欣哉と分担執筆)
43. 書評：梅津慶豊編『出羽三山史料集　上巻』山形民俗 9, 1995年11月, pp.87-88.
44. 『高速交通網の整備にともなう観光リゾート開発に関する地域比較』文部省科研費報告書, 山形大学教養部, 1996年3月, 12p.
45. 書評：長谷川成一『失われた景観』弘前大学国史研究 100, 1996年3月, pp.140-141.
46. 展示批評：「福島の山岳信仰」展, 地方史研究 262, 1996年8月, pp.112-113.
47. 浮田典良他監修『日本地名大百科　ランドジャポニカ』小学館, 1996年11月, 1344p.(山形県内の地名と東北地方の街道を執筆担当)
48. 「『三山雅集』にみる三山信仰の拡がり」村山民俗 10, 1996年11月, pp.27-29.
49. 書評：村山市史編さん委員会編『村山市史　地理・生活文化編』山形民俗 10, 1996年11月, pp.156-157.
50. 新刊紹介：羽黒町編『羽黒町史　別巻』山形民俗 10, 1996年11月, pp.158.
51. 「山岳修験の食文化に関する研究」『助成研究の報告6』財団法人味の素食の文化センター, 1996年12月, pp.41-44.
52. 「近世史料にみる巡礼と参詣の概念」村山民俗 11, 1997年11月, pp.25-26.
53. 「大学入試センター試験と柳田国男」村山民俗 11, 1997年11月, p.39.
54. 紹介：『図録庄内の歴史と文化』・『出羽三山』・『東北民俗学研究第5号』・『研究集録集地域研究30年の旅路』村山民俗 11, 1997年11月, pp.40-41.
55. 書評：高野史男著『韓国済州島』季刊地理学 49-4, 1997年12月, pp.307-308.
56. 講演要旨：「出羽三山の信仰と街道」出羽街道探訪実行委員会編『まなびのあと』, 1998年3月, pp.16-20.
57. 「山形県の交通 ── 整備の進む高速交通網 ── 」山形県経済社会研究所編『山形県の現在と未来』, 1998年3月, pp.22-23.
58. 『日本民俗宗教辞典』東京堂出版, 1998年4月, (出羽三山信仰・立山信仰・戸隠信仰の項目を執筆担当)
59. 紹介：『戸隠信仰の歴史』山岳修験 21, 1998年3月, pp.53-54.

60.「出羽三山の修験道」週刊朝日百科「日本の国宝」97，1999年1月，pp.216-217.
61.「国絵図にみる霊山の表現」文部省科研費報告書『画像処理による出羽国絵図の研究』，茨城大学教育学部(研究代表者：小野寺淳)，1999年3月，pp.27-34.
62.「森の生業と文化」『平成10年度鶴岡学講座記録集』鶴岡市教育委員会，1999年3月，pp.55-78.
63. 書評：『立山信仰と立山曼荼羅』日本民俗学 218，1999年5月，pp.105-108.
64.「旅日記にみる羽黒山の女人救済儀礼」村山民俗 13，1999年6月，pp.16-18.
65. 紹介：『山に暮らす海に生きる　東北むら紀行』・『図説　みちのく古仏紀行』・『山形県の歴史』村山民俗 13，1999年6月，p.34.
66.「故郷と田舎 ── 山形の地域イメージに関する一考察」山形民俗 13，1999年11月，pp.57-60.
67.『日本民俗大辞典』吉川弘文館，上，1999年9月，下，2000年3月(穀断ち・西遊記・東遊記・蔵王信仰・三山参り・司馬江漢・立山地獄・立山信仰・旦那場・地誌・出立ち・出羽三山信仰・道中記・道標・東遊雑記・モリ供養)
68. 紹介：『地理と民俗への道 ── 自学のすすめ ── 』歴史地理学 198，2000年3月，pp.28-29.
69.「インターネット・ホームページにみる韓国事情と韓国における日本語教育」『山形大学日本語教育論集』3，2000年3月，pp.93-97.
70. 紹介：『地域文化の話題提供』・『中世日本の国家と寺社』・『中世奥羽の民衆と宗教』・『庄内民俗　復刊第四号』村山民俗 14，2000年6月，pp.43-44.
71. 紹介：『地理の風景』季刊地理学 52-3，2000年8月，p.195.
72.「巡検報告」歴史地理学 200，2000年9月，pp.60-62.
73.「国絵図にみる霊山の表現(続)」文部省科研費報告書『国絵図の画像処理による東北地方の環境・景観変化に関する研究』，茨城大学教育学部(研究代表者：小野寺淳)，2001年3月，pp.21-23.
74. 紹介：『熊野古道』山岳修験 27，2001年3月，pp.82-83.
75.「権現さまに参ろじゃないか」地域文化(八十二文化財団)56，2001年4月，pp.10-11.
76. 書評：『羽黒修験』日本民俗学 226，2001年5月，pp.129-134.
77.「紀行文と旅日記にみる立石寺」村山民俗 15，2001年5月，pp.47-49.
78.「日本の神仏の辞典」大修館書店，2001年7月(山岳曼荼羅・立山)
79.「日本歴史大事典」小学館，2000-2001年(山形県・酒田・鶴岡・山形・米沢・鳥海山・最上川)
80.「絵図にみる立山信仰」『なにが分かるか，社寺境内図』国立歴史民俗博物館，2001年10月，pp.128-129.

81. 「立山信仰の世界」国立能楽堂企画公演「絵解きと能」プログラム，2002年2月，pp.25-26.
82. 「大邱市友鹿里における日韓交流と観光開発」中央大学校日本研究所(韓国)，2002年2月，pp.255-259.(村山民俗16，2002年6月，pp.54-57.に再録)
83. 「仁川中華街の再開発」季刊地理学54-1，2002年3月，pp.34-36.
84. 紹介:『ケイコ・韓国奮戦記』季刊地理学54-2，2002年7月，pp.122-123.
85. 『岩波仏教辞典　第二版』岩波書店，2002年10月(熊野・熊野三山・熊野詣・熊野比丘尼・大師講・立山・出羽三山・白山・英彦山・富士山)
86. 紹介:石井実・井出策夫・北村嘉行著『写真・工業地理学入門』季刊地理学55-1，2003年3月，p.48.
87. 『常総・寛永期の大日石仏』の刊行によせて，村山民俗17，2003年pp.47-49.
88. 紹介:松井圭介『日本の宗教空間』季刊地理学55-2，2003年，pp.133-134.
89. 『歴史学事典11巻　宗教と学問』弘文堂，2004年1月(参詣)
90. 崔教授報告「近代的発展の表象としてのソウル」コメント，千田稔編『東アジアの都市形態と文明史』国際日本文化研究センター，2004年，p.344.
91. 史料紹介「奥羽旅行控」村山民俗18，2004年，pp.38-41.
92. 書評:田中智彦『聖地を巡る人と道』山岳修験34，2004年11月，pp.76-78.
93. 書評:戸川安章著作集『出羽三山と修験道』・『修験道と民俗宗教』村山民俗19，2005年，pp.55-58.
94. 「山岳信仰と出羽国絵図」『国絵図の世界』国絵図研究会編，柏書房，2005年，pp.152-154.
95. 紹介:野口一雄著『山形県の金毘羅信仰』宗教民俗研究14・15，2006年，pp.289-291.
96. 紹介:渡辺幸任著『出羽三山絵日記』山形民俗20，2006年，pp.77-79.
97. 紹介:青木栄一編『日本の地方民鉄と地域社会』季刊地理学58-4，2007年2月，p.242.
98. 「最上川と三山まいり」まほら(旅の文化研究所)50，2007年，pp.20-21.
99. 「戸川安章先生を偲ぶ」村山民俗21，2007年，pp.63-66.
100. 「新出の月山湯殿山参詣道中記について」山形民俗21，2007年，pp.59-61.
101. 「三山参りと宿坊」『村山ふるさと大百科』横山昭男監修，郷土出版社，2008年5月，p.196.
102. 「手嶋健博氏「「出羽三山」の宗教世界」に触れて」村山民俗22，2008年6月，pp.80-82.
103. 「韓国を題材にした授業の紹介」山形大学高等教育研究年報3，2009年3月，pp.6-7.

104.「神仏習合の構造」村山民俗 23，2009年6月，pp.79-87.（難波耕司と共同執筆）
105.『祭・芸能・行事大辞典』朝倉書店，2009年11月（出羽三山講・門前町）
106.「紹介『史料集　ゆくてのすさび　羽黒山日記』」山形民俗 23，2009年11月，pp.87-88.（難波耕司と共同執筆）
107.「宮本袈裟雄先生と山岳修験学会」『宮本袈裟雄追悼文集』，2009年12月，pp.26-27.
108. 紹介：沖縄国際大学南島文化研究所編『韓国・済州島と沖縄』史林 93-4，2010年7月，pp.120-121.
109.「地方発信映画にみる地方都市再生の試みとその担い手――山形県における映画「よみがえりのレシピ」を事例として――」『日本科学者会議第18回総合学術研究集会予稿集』，2010年11月，pp.268-269.
110. 紹介：三木一彦著『三峰信仰の展開と地域的基盤』日本民俗学 268，2011年11月，pp.82-83.
111.「内面を写す鏡～光州事件から龍山事件へ　ムン・ジョンヒョン監督インタビュー」『山形国際ドキュメンタリー映画祭2011　記録集』，2012年3月，p.41.（YIDFF公式サイトにもアップ）
112.「第3章　自然的特性」pp.12-28.「第6章　大江町西部の農山村景観　第1節景観構造」pp.152-166.「第7章　町場左沢と農山村の交流関係　第1節　往来と街道」pp.211-215.『大江町の最上川の流通・往来の景観保存調査　報告書』大江町教育委員会，2012年3月
113. 紹介：福江充著『江戸城大奥と立山信仰』「史林」95-4，2012年7月，pp.105-106.
114. フォーラム：東日本大震災関係シンポジウム「震災の記憶と語り――民俗の再生へ向けて」シンポジウムの企画趣旨「日本民俗学」271，2012年8月，pp.134-138.
115. フォーラム：「震災映像と被災地上映」「季刊地理学」64-2，2012年9月，pp.74-75.
116. レポート「釜山国際映画祭で韓国ドキュメンタリー映画を見た」WEBネオネオ，http://webneo.org/archives/5867，2012年11月。
117. シンポジウム「草木塔の心をさぐる」記録，「置賜の民俗」19号，2012年12月，pp.2-25.
118. 書評：岩本由輝編『歴史としての東日本大震災』「図書新聞」3111号，2013年5月25日，p.3.
119.「五十嵐文蔵先生の人と学問」庄内民俗 36，2013年6月，pp.12-13.
120. 紹介：岡田照子著『瀬川清子　女性民俗学者の軌跡』庄内民俗 36，2013年6月，pp.72-73.
121. 書評と紹介：大高康正著『参詣曼荼羅の研究』日本歴史 783，2013年8月，pp.103-105.
122. レポート「全州国際映画祭で観たドキュメンタリー作品」WEBネオネオ，http://

webneo.org/archives/10014, 2013年8月

123. 「出羽三山信仰と21世紀の広域交流圏」『平成24年度　文化財保存修復研究センター研究成果報告書』東北芸術工科大学, 2013年8月, pp.19-20.
124. 「山形県民俗(学)研究の歩みー各地域民俗研究団体の発足と諸先学」『第30回東北地方民俗学合同研究会　予稿集　各県民俗学の始まりと今』, 2013年11月, pp.12-18.(野口一雄と分担執筆)
125. 岩鼻通明他4名「山形県置賜地方における中山間地の土地利用の変遷に関する歴史地理学的研究」『国土地理協会研究助成報告書』, 2014年3月, (国土地理協会HP助成情報にPDFファイルをアップ)
126. 新刊紹介:高木大祐著『動植物供養と現世利益の信仰論』村山民俗 28, 2014年6月, p.75.
127. 紹介:渡辺幸任著『出羽三山信仰と月山筍』東北民俗 48, 2014年6月, pp.77-78.
128. 紹介:原淳一郎著『江戸の旅と出版文化　寺社参詣の新視角』歴史地理学 56-4, 2014年9月, p.25.
129. 「シンポジウム趣旨説明「旅・観光・歴史遺産」研究の概観」・「総括　シンポジウムの成果と課題」歴史地理学 57-1, 2015年1月, pp.1-4, pp.113-115.(原淳一郎と共同執筆)
130. 書評:由谷裕哉・佐藤喜久一郎著『サブカルチャー聖地巡礼』宗教民俗研究 24・25, 2016年3月, pp.107-111.
131. 書評:越志徳門・大杉明彦・小松寛子編『戸隠信仰の諸相』山岳修験 57, 2016年3月, pp.69-71.
132. 書評・紹介:淡野明彦編著『観光先進地ヨーロッパ』季刊地理学 68-3, 2016年9月, pp.194-195.
133. 「セキモリ・ゲイノーの比較宗教論〜羽黒山の神仏分離とイギリスの宗教改革」山形民俗 30, 2016年11月, pp.21-25.(難波耕司と共同執筆)
134. 紹介:村田弘『山の神・鮭の大助譚・茂吉　東北からの民俗考』村山民俗 31, 2017年6月, pp.78-79.
135. 紹介:佐賀大学地域学歴史文化研究センター刊『花守と介次郎　明治を担った小城の人びと』庄内民俗 37, 2017年10月, p.68.
136. 文献紹介:高橋陽一『近世旅行史の研究』歴史地理学 59-4, 2017年11月, pp.27-28.

講演記録(2004年以降)

「立山信仰について」富山県日本海学推進機構研究委託事業発表会講演, 2004年5月15日。

「霊場寺院をめぐる他界観」山形県立うきたむ考古資料館セミナー講演, 2004年8月29日。

「三位一体改革と東北社会」シンポ，日本科学者会議東北地区シンポ，岩手大学，2005年9月3日。

「東北文化と韓国文化」全国篤志面接委員連盟東北地区研修会，山形市キャッスルホテル，2005年9月9日。

「民俗学と郷土の文化」宮城県亘理町立郷土資料館ものしり大学院，2006年3月11日。

「出羽三山信仰にみる山と里の交流」山形大学農学部公開講座，2006年6月17日。

「朝鮮半島と東北文化の歴史的交流」山形県地域史研究協議会総会講演，寒河江市中央公民館，2006年7月9日。

「おとなへの旅立ち」パネラー，第19回農村文化ゼミナール，米沢市伝国の杜，2006年8月5日。

「出羽三山」について説明，神奈川県高校教科研究会社会科部会夏季県外踏査，2006年8月18日。

「善光寺信仰の道，戸隠修験の道」戸隠遊行塾講演，長野市戸隠・武井旅館，2006年8月26日。

「出羽三山と世界遺産」土木学会東北支部技術研究発表会特別セッション講演，山形大学小白川キャンパス，2007年3月3日。

「韓国からみた日本・山形」天童郷土研究会主催・天童市市民会館，2007年6月9日。

「出羽三山と最上川の織りなす文化的景観」について基調講演，世界遺産登録シンポ・東北公益大大学院 ホール，2007年9月22日。

「旅の原風景　旅日記から見る鳥海山，出羽三山信仰と旅の楽しみ方」秋田県生涯学習センター主催，由利本荘市西目公民館，2008年7月6日。

「出羽三山への旅――旅人はいかにして境界を越えたか」山形学地域連携講座主催，鶴岡市花梨亭，2008年8月23日。

「出羽三山信仰と旅の楽しみ方」西川町歴史文化学習会，西川町文化センター，2009年9月9日。

「置賜民俗学の系譜」第23回農村文化ゼミナール，米沢市上杉博物館，2010年8月8日。

「もうひとつの神秘日本，いま蘇る～出羽三山信仰のひろがりと人々の心～」とうほく街道会議第6回交流会基調講演，出羽の古道　六十里越街道大会，西川町弓張平公園パークプラザ体育館，2010年10月29日。

「東北の山岳信仰と県境・郡境」喜多方市山都町地域協議会，山都開発センター，2012年7月29日。

「出羽三山信仰と21世紀の広域交流圏」東北芸術工科大学，西川町開発センター，2012年8月5日。

「出羽三山を中心とした文化財と精神文化」シンポジウムパネリスト，出羽庄内地域文化遺産による地域活性化実行委員会，いでは文化記念館，2012年9月23日。

「観客アンケートからみた鶴岡まちなかキネマ」農学の夕べ，山形大学農学部，2012年12月13日。

「目指せ映画の都！～映画を通した地域活性化」シンポジウムコーディネーター，鶴岡まちなかキネマ，2013年3月16日。

「草木塔と出羽三山信仰」やまがた夜話，コンソーシアム山形，2013年5月22日。

「出羽三山信仰の広がりと人々の心」鶴岡市市民大学講座，鶴岡市中央公民館，2013年11月9日。

「次世代に伝える千葉徳爾の学問」日本民俗学会第871回談話会コーディネーター，国学院大学，2013年11月10日。

「出羽三山の近代的変容　信仰の山から観光の山へ」第2回月山ジオパーク構想に向けた学習会，鶴岡市羽黒町いでは文化記念館，2014年1月24日。

「米沢市綱木の「草木塔」」山形大学コンソーシアム主催・やまがた夜話，2014年6月11日。

「出羽三山の信仰圏と秋田」秋田大学史学会，2014年9月26日。

「山形県の即身仏」致道博物館土曜講座，2014年10月4日。

「出羽三山信仰と置賜」歴史地理学会・米沢史学会共催，米沢女子短大，2015年6月27日。

「大江町における国重要文化的景観の意義」山形県博物館連絡協議会研修会，大江町，2015年11月12日。

「草木塔と出羽三山信仰」について，大学コンソーシアムやまがた主催・やまがた夜話，2015年7月8日。

「出羽三山の歴史と三山信仰」月山ジオパークガイド養成講座，山形大学農学部，2016年2月7日。

「月山ジオパーク協議会「学術研究・観光」合同部会」パネルディスカッションパネリスト，庄内町，2017年3月17日。

「出羽三山の歴史と山岳信仰」月山ジオパーク構想ガイド養成講座，山形大学農学部，2017年10月31日。

「出羽三山生まれかわりの旅」日本遺産シンポジウムパネリスト，山形市ビッグウイング，2018年1月28日。

「出羽三山「生まれかわりの旅」の魅力」日本遺産地域プロデューサー育成研修会，鶴岡市勤労者会館，2018年3月6日。

「紀行文にみる出羽三山の自然描写」出版記念出羽三山シンポジウム，山形大学農学部，2018年4月14日。

「山形県の文化遺産と地域資源」人文地理学会特別例会シンポジウム基調講演，東北公益文科大学酒田キャンパス，2018年6月23日。

「芭蕉の出羽三山参詣」致道博物館土曜講座，2018年9月1日。
「本道寺鳥瞰図を絵解く」西川町本道寺湯殿山神社，2018年9月30日。
「三山まいりと西国順礼」鶴岡市羽黒町いでは文化記念館，2018年10月28日。

他大学への出講

岩手大学，秋田大学，東北大学，東北学院大学，米沢女子短期大学，新潟大学，東京学芸大学，国学院大学，三重大学，京都大学，大阪大学など

学会委員など

人文地理学会編集委員・協議員，歴史地理学会評議員，東北地理学会評議員・編集委員・幹事・会計監査，日本地理学会代議員，史学研究会評議員，日本民俗学会評議員・理事，日本宗教民俗学会委員，日本山岳修験学会理事，山形県民俗研究協議会副会長・幹事，村山民俗学会会長・副会長・幹事・事務局

学内映画上映

2007年3月　原村政樹監督，桜映画社製作「いのち耕す人々」を楠本雅弘農学部教授最終講義にて小白川・鶴岡キャンパスにて上映。山形県高畠町の星寛治氏を中心とした有機農業の展開を記録したドキュメンタリー映画。

2007年10月9日「ヤマガタから世界へ～伝統と交流を発信する～YIDFF応援上映会」山形大学小白川キャンパス

第1部「映像にみる出羽三山～世界遺産登録への道」

上映作品：「月と白狐」(12分)羽黒山と七五三掛の注連寺でロケ

上映後に，大原螢監督をゲストに質疑応答

第2部「渡り川」(90分)の上映(金・森監督)

上映後に，金徳哲監督をゲストに質疑応答

山形国際ドキュメンタリー映画祭(YIDFF)は，1989年の開始以来，2年ごとに開催され，この年で10回めを迎えました。この間，アジアで初のドキュメンタリー専門映画祭として，平和や人権に関する作品を積極的に紹介し，国際的にも高く評価され，世界の映画関係者に「ヤマガタ」という名前が広く知られるように成長してきました。今回のYIDFFでは，山形市民や県民に向けて，「やまがたと映画」特集が組まれており，上映会の第1部は，それに呼応するもので，山形県が推進する世界遺産登録への支援も兼ねています。大原螢監督は，新庄市を中心に活動する「東北幻野」の一員として，演劇や自主制作映画の分野で活躍され，戯曲集なども出版されています。

そして，第2部は，日韓の交流を描いて，昨秋の釜山国際映画祭でドキュメンタリー

部門の最優秀賞である銀河賞を受賞した「河を渡る人々」のYIDFFでの上映後に，金徳哲監督の前作である「渡り川」(1994年)を上映します。この映画は，四国の高校生たちが，郷土の朝鮮人強制連行の歴史を掘り起していく中で，神戸の朝鮮学校の高校生たちと交流を深め，さらには韓国へ渡って，日本軍慰安婦のおばあさんたちと出会い，日韓の過去の歴史にたいする認識を深めていく物語となっています。

2008年11月2日「地球環境映像祭in山形大学」農学部
上映作品：前半部(午後2時～3時)
「危険なオレンジ」タイ(28分)
人体に危険性がある農薬が使用されていたタイ北部の果樹園。農薬を奨励する政府の方針に抗って，農薬散布をやめ，安全な野菜を作ろうと農民たちが立ち上がる。
「石おじさんの蓮池」台湾(24分)
台北の郊外，蓮の花を栽培する石おじさんは，どうしても農薬を諦められない。蓮池に生息する稀少なカエルを絶滅から救うため，動物学者たちの説得は続く。
以上の2作品は，2006年「アースビジョン　地球環境映像祭」の入賞作品であり，作品はアースビジョン組織委員会より提供をいただきました。
後半部(午後3時15分～5時)
「渡り川」(1994年・日本・90分)

2009年5・6月「地球環境映像祭 in 山形大学　2009」

山形大学小白川キャンパスおよび農学部にて
上映作品　「動物工場／アニマル・ファクトリー」

(韓国／監督：Koo Jung-Hoi／2007年／61分)

食の欧米化が進む中，豚肉や鶏肉の需要は高まっている。しかし，その生産現場では何が行なわれているのだろうか。韓国の家畜飼育の現場で，人工飼料と有機飼料の差異を鮮明にとらえた意欲的なドキュメンタリー作品です。

「自然の楯――Tsunamiからいのちをまもったもの」

(インド，インドネシア，スリランカ，タイ／監督：Moji Riba，マノリ・ヴィジェセーケラ，ヨハン・アベーナイケ／2006年／27分)

甚大な被害をもたらした2004年12月のインド洋津波。被害を検証する中で明らかになったのは，マングローブ林と砂丘，サンゴ礁が被害を最小におさえた事実だった。その実態を現地での取材から明らかにしたドキュメンタリー作品です。

作品提供：アースビジョン　地球環境映像祭事務局　以上の2作品は，2008年3月に開催された，第16回地球環境映像祭で上映されました。

2011年12月8日　土屋豊監督「新しい神様」上映会　農学部にて

同年10月11日に小白川で開催した山形大学9条の会講演会（雨宮処凛・土屋豊両氏）を受けて上映会を実施。本作品の主演が雨宮さん。

2014年11月2日　韓国映画「南営洞1985」上映会　農学部にて

韓国の軍事独裁政権下における政治犯に対する拷問の実態を明らかにした作品。

国内・在外研究

1988年度（10ヶ月間）　東北大学理学部地理学研究室

1998年度（1ヶ月間）　韓国・ソウル特別市　誠信女子大学地理学科
日本学術振興会海外特定国短期派遣

2001年度（3ヶ月＋3日間）　韓国・ソウル特別市　中央大学日本研究所
日韓文化交流基金フェローシップ長期派遣

2003年度（3週間）　韓国・ソウル特別市　中央大学日本研究所
日本学術振興会海外特定国短期派遣

科学研究費などの外部資金

1984年度総合研究（A）荘園絵図の史料学および解読に関する総合的研究　分担者

1985年度奨励研究（A）道中記にみる近世日本人の行動空間と環境認識　代表者

1986～1987年度総合研究（A）北日本中世史の総合的研究　分担者

1987年度重点領域研究　地すべり，山崩れ災害の地域比較による地質学的，歴史地理学的考察　分担者

1990年度奨励研究（A）近世日記類にみる非日常的行動空間の歴史地理学的研究　代表者

1991～1992年度一般研究（C）旅日記にみる女人禁制の民俗文化的研究　代表者

1994～1995年度一般研究（C）高速交通網の整備にともなう観光リゾート開発に関する地域比較　代表者

1997～1998年度基盤研究（C）画像処理による出羽国絵図の研究　分担者

1999～2000年度基盤研究（C）国絵図の画像処理による東北地方の環境・景観変化に関する研究　分担者

2012～2014年度基盤研究（C）映画を通した地域活性化の日韓比較研究　代表者

1993年度庭野平和財団研究助成「社寺参詣曼荼羅にみる宗教交流」研究代表者

1995年度味の素食文化財団研究助成「山岳修験の食文化に関する研究」研究代表者

2013年度国土地理協会研究助成「山形県置賜地方における中山間地の土地利用の変遷に関する歴史地理学的研究」研究代表者

●著者紹介

岩鼻 通明（IWAHANA Michiaki）

山形大学農学部 教授

専門分野：文化地理学、宗教民俗学

略　　歴：1953年大阪府生まれ，山形大学教養部講師・助教授を経て
　　　　　現職。博士（文学）

主な著書：『出羽三山信仰の圏構造』（単著，2003年，岩田書院）
　　　　　『韓国・伝統文化のたび』（単著，2008年，ナカニシヤ出版）
　　　　　『出羽三山　山岳信仰の歴史を歩く』（単著，2017年，岩波新書）

Mountain Worship in Old Picture Maps and Videos

絵図と映像にみる山岳信仰《えずとえいぞうにみるさんがくしんこう》

発行日――――2019年3月30日　初版第1刷
定　価――――カバーに表示してあります
著　者――――岩　鼻　通　明 ©
発行者――――宮　内　　久

海青社
Kaiseisha Press
〒520-0112　大津市日吉台2丁目16-4
Tel. (077) 577-2677　Fax (077) 577-2688
http://www.kaiseisha-press.ne.jp
郵便振替　01090-1-17991

 ● ISBN978-4-86099-345-0　C3025
● Printed in JAPAN